L'ART ISLAMIQUE

ASIE : IRAN, AFGHANISTAN, ASIE CENTRALE ET INDE

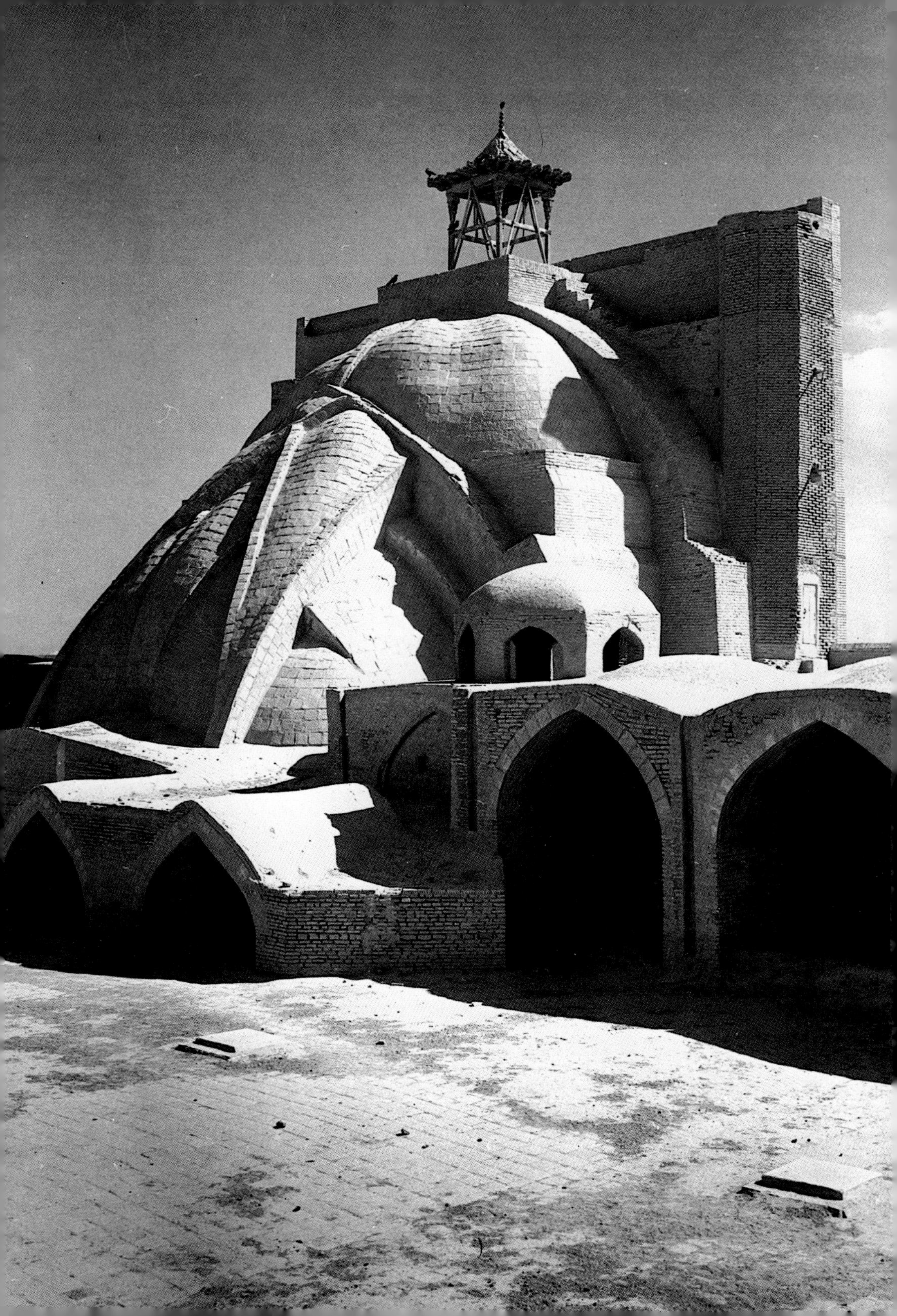

la grammaire des styles

L'ART ISLAMIQUE

Asie : Iran, Afghanistan, Asie centrale et Inde

par

Marianna S. Simpson

Flammarion

La transcription des mots et noms persans s'inspire du système suivi par le professeur Gilbert Lazard, Directeur de l'Institut des Études Iraniennes, Université de Paris, dans *Le Livre des Rois,* Sindbad, Paris 1979 : elle se rapproche autant que possible de la prononciation persane tout en respectant l'orthographe française, à l'exception du son *ou* représenté par la lettre *u.* Le groupe *gh* équivaut au *r* français et le *r* est roulé comme en italien. Le groupe *kh* représente le même son que le *ch* allemand dans le mot «doch».

Traduit de l'anglais par L. Anglade

Illustration de la couverture :
Ispahan, médressé de Châh Soltân Hoseyn

Printed in France
I.S.B.N. 2-08-010352-0

INTRODUCTION

Cet ouvrage a pour but de présenter les arts de l'Islam tels qu'ils se développèrent du VIIe au XVIIe siècle, en Iran, en Asie centrale, en Afghanistan et en Inde. Trois aspects majeurs de la tradition culturelle et artistique de l'Islam y seront traités : l'architecture, l'art de l'objet et l'art du livre. Tout en ne perdant pas de vue l'évolution chronologique, nous avons eu pour but principal de définir les caractéristiques communes aux arts monumentaux et aux arts mineurs en terre d'Islam, et les variations régionales qui en font la richesse.

En frontispice : *Iran, Ispahan, mosquée du Vendredi. Verso de l'eyvân ouest. Photo Stierlin.*

Caractères généraux

L'histoire des arts en Asie islamique est complexe, avec de nombreuses techniques très diversifiées et des styles différents suivant la région, la période et le patronage. Pourtant, certains thèmes unissent l'art islamique, quels que soient l'époque et le lieu.

L'architecture

Les rites religieux et les coutumes sociales suivis dans tout le monde islamique ont engendré certains types de constructions répondant aux mêmes nécessités : la mosquée pour la prière, la médressé pour l'enseignement théologique et le mausolée pour la commémoration des morts. Ces monuments ont inévitablement un *mihrâb*, niche qui indique la direction de la Mecque, et un minaret, la tour d'où le muezzin fait l'appel à la prière. D'autres éléments constants de l'architecture tant religieuse que civile sont la cour, la coupole, la façade monumentale et *l'eyvân* (l'iwan), une voûte fermée à l'une de ses extrémités, ouvrant sur la cour ou servant de portail; il y a, enfin, les *muqarnas*, un système de niches à facettes en pierre, briques, ou tout autre matériau, qui peuvent avoir une fonction architecturale ou décorative.

L'art de l'objet

Le goût et les exigences purement islamiques qui suscitèrent ces formes architecturales communes ont très vite conduit aussi au rejet de la représentation figurale monumentale. Par conséquent, il ne se développa jamais une tradition de grande sculpture dans le monde islamique comme ce fut le cas dans d'autres contextes culturels, en Europe et en Extrême-Orient. Les artistes dans tout le domaine islamique préférèrent concentrer leurs efforts sur la création d'objets portables en métal, céramique, ivoire, bois, verre, cristal, jade et autres matières précieuses, ainsi que dans la production de textiles et de tapis. Ces œuvres avaient obligatoirement un but fonctionnel doublé d'un attrait esthétique. Bien qu'il ne semble pas y avoir de terme générique pour ce genre de créations qui visaient à satisfaire une double nécessité fonctionnelle et esthétique, elles peuvent néanmoins être classées dans la rubrique générale de l'art de l'objet.

L'arabesque

Dans la civilisation islamique, même les objets destinés à de modestes fonctions utilitaires et exécutés dans les matériaux les plus humbles tendent à être richement décorés. La transformation des surfaces par l'ornementation est un souci primordial dont tout l'art islamique est imprégné. Le motif le plus exemplaire dans cette ornementation est l'arabesque. Bien qu'elle dérive du rinceau de vigne naturaliste de l'art classique occidental, que les conquérants musulmans rencontrèrent sur les monuments chrétiens, romains et sassanides des territoires nouvellement conquis, l'arabesque islamique revêt des formes multiples allant jusqu'à l'abstraction. Mais, quelles qu'en soient la nature formelle et la matière, l'arabesque obéit toujours aux mêmes principes de mouvement précis et régulier, de répétition symétrique et d'expansion illimitée qui produisent des compositions équilibrées et harmonieuses. Des motifs géométriques sont souvent incorporés dans l'arabesque et parfois c'est l'arabesque elle-même qui se géométrise. De fait, la géométrie est la base conceptuelle de toute structure et décor dans la majorité des œuvres d'art en Islam.

La calligraphie

La belle écriture, ou calligraphie, est une autre composante fondamentale du décor islamique. Le rôle essentiel de la calligraphie réside dans le fait qu'elle représente le caractère sacré du Coran dans lequel la révélation divine fut consignée par écrit. Son importance est manifeste dans la recherche de différents types d'écriture arabe et par la présence d'inscriptions sur les monuments et les objets de toutes sortes. Tout comme l'arabesque, la calligraphie islamique subit diverses transformations au cours des siècles, à mesure que les artistes tentèrent d'exploiter les qualités décoratives inhérentes à ces écritures rythmiques. Cette tendance à manipuler les formes des lettres, des mots et des phrases aboutit souvent à des motifs dans lesquels l'écriture est difficilement identifiable et parfois à l'emploi de pseudo-calligraphie. Dans la culture islamique traditionnelle, la calligraphie est appréciée tout autant pour la valeur de son contenu que pour ses qualités esthétiques et symboliques.

L'art du livre

La primauté du Coran et l'importance de la calligraphie expliquent également l'importance de l'art du livre tout au long de l'histoire islamique. Chaque phase de la production d'un manuscrit, de la transcription du texte à la décoration de la reliure, était importante et considérée comme une entreprise à part entière. La peinture monumentale ayant été rejetée du fait des mêmes contraintes que la sculpture monumentale, ces beaux livres manuscrits furent le principal véhicule de la peinture en Islam. Ni le Coran, ni aucun autre livre religieux ne fut jamais illustré, mais les miniatures abondent dans les traités scientifiques et dans les textes littéraires tels que fables, épopées, romans et diverses formes de poésie. Ces peintures vont de la simple illustration didactique à des compositions complexes suivant la narration jusque dans le détail. Il y eut également des études de personnages, ou d'autres sujets, sans contexte littéraire. Ces études étaient généralement reliées avec recherche dans des albums aux bordures richement enluminées. Mais qu'il s'agisse d'illustrations de textes ou de peintures d'albums, les dimensions et la composition de la miniature islamique étaient toujours déterminées par le format de la feuille de papier qui en était le support. En dépit de son caractère essentiellement privé, l'art du livre fleurit en Islam, dans de nombreux centres de la koïné irano-indienne.

L'ARCHITECTURE

La mosquée et la médressé

Le premier besoin architectural de la communauté islamique fut celui d'un grand espace permettant la congrégation de nombreux croyants pour la prière du Vendredi. Il fallait aussi à ces lieux de prière une indication de la *qibla*, la direction de la Mecque vers laquelle tous les musulmans se tournent pour prier. La mosquée la plus ancienne qui ait survécu dans la partie orientale du monde musulman est la mosquée Târik Khâne de Dâmghân, au sud de la mer Caspienne, qui date de la deuxième moitié du VIIIᵉ siècle (vers 750-789). Elle suit le plan de la mosquée hypostyle utilisé dans tout le Proche-Orient et en Asie au cours des premiers siècles de l'Islam : une cour centrale bordée d'arcades sur trois côtés et, sur le quatrième, d'une salle de prière comportant sept travées perpendiculaires au mur qibli, la travée centrale menant au *mihrâb*, étant plus haute et plus large. Les piliers cylindriques qui forment ces travées supportent des arcatures légèrement ovoïdes.

Cette forme de mosquée hypostyle commençait à être supplantée par un autre plan qui apparut en Iran occidental vers la fin du XIᵉ ou au début du XIIᵉ siècle, pendant la période seljoukide (1038-1194). Ce type de mosquée conserve la symétrie et l'équilibre

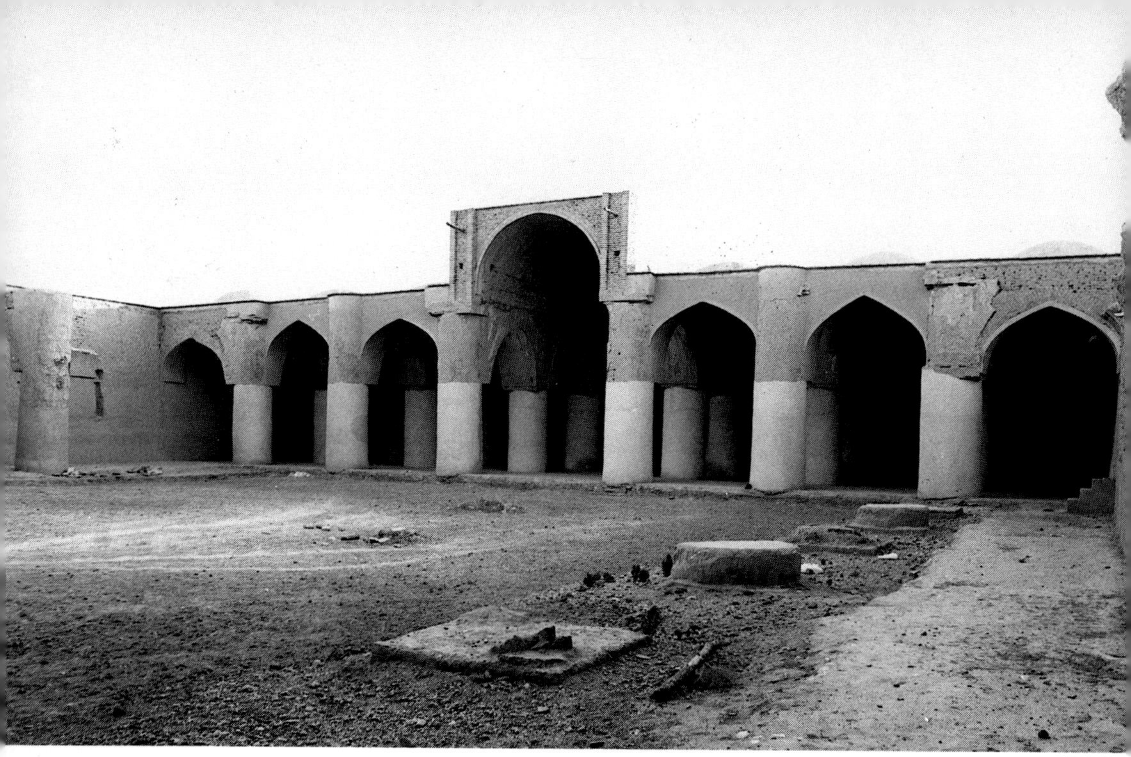

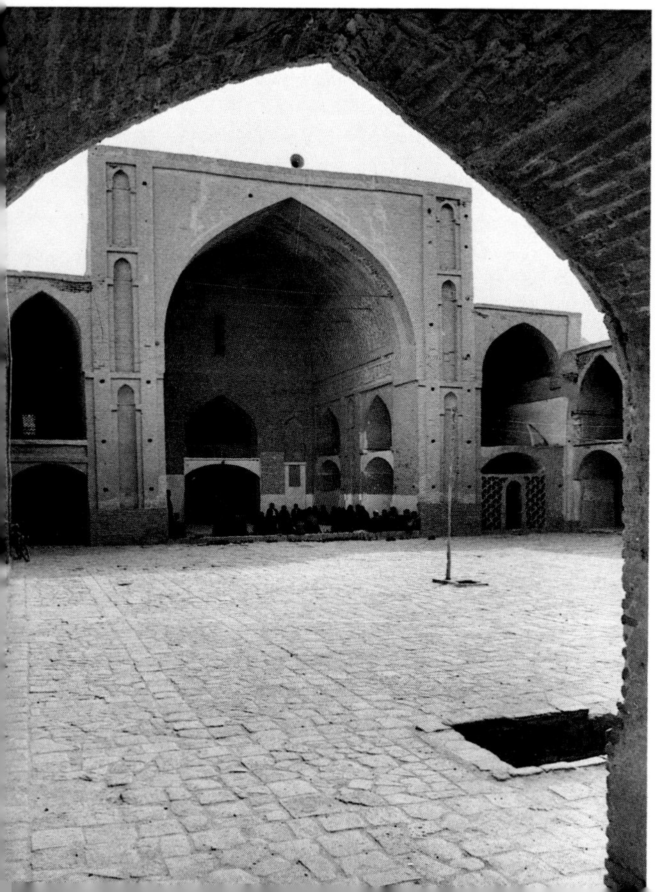

Iran, Dâmghân, mosquée Târik Khané, VIIIe siècle (v. 750-789) Cour intérieure avec arcades. Photo Balestrini.

Iran, Dâmghân, mosquée Târik Khâné, VIIIe siècle (v. 750-798). Plan.

Iran, Ardestân, Masjed-é Jâmié (Grande Mosquée), XIe et XIIe siècle. Cour intérieure avec eyvân. *Photo Wood.*

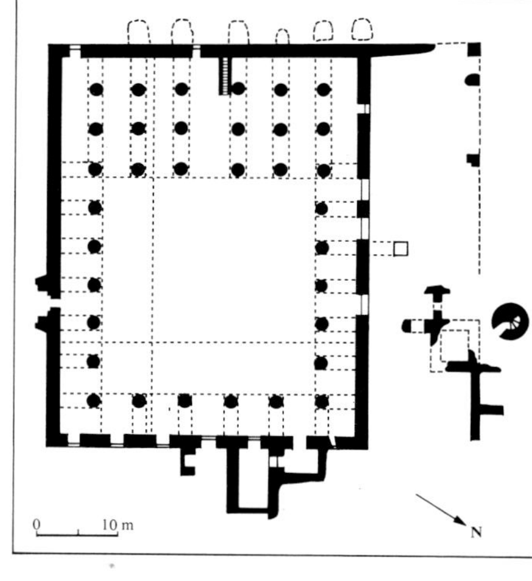

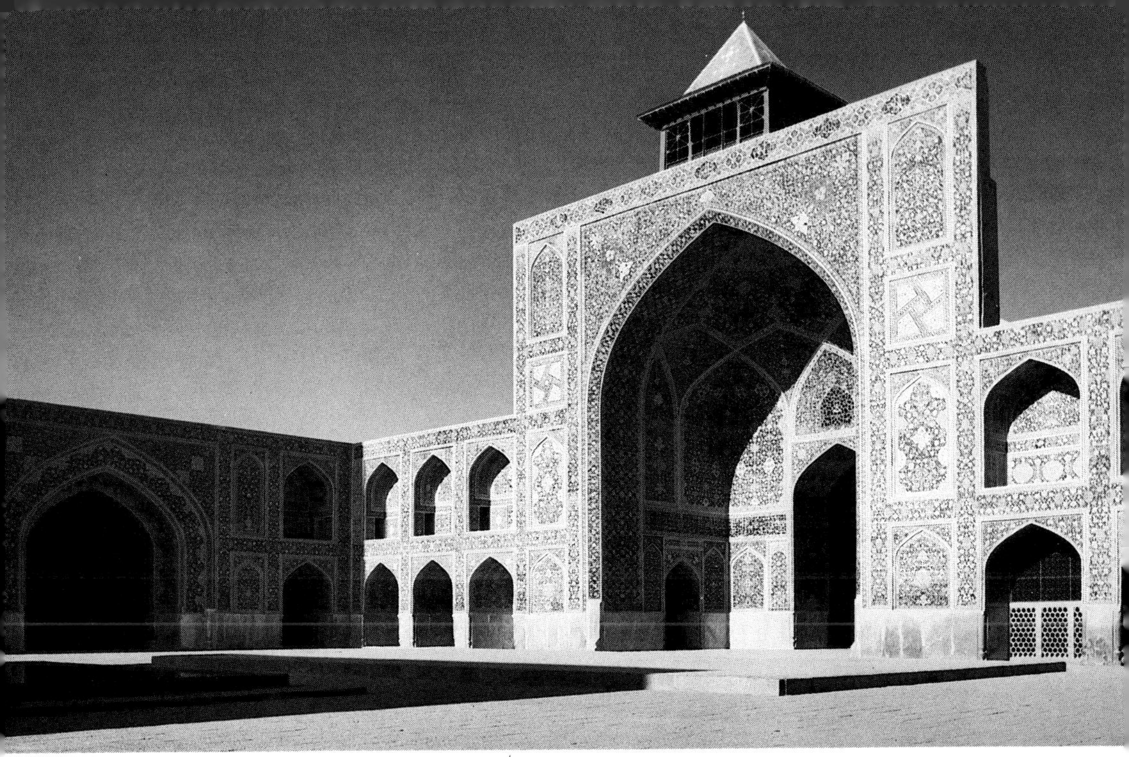

du plan hypostyle, mais les arcades continues autour de la cour sont remplacées par un passage voûté en berceau appelé *eyvân* (iwan), ouvert au milieu de chacun des côtés de la cour. La Masjed-e Jam^{c}i (Mosquée du Vendredi) à Ardestân, en Iran central, est un exemple typique de ce nouveau plan de mosquée à quatre *eyvân*. Comme beaucoup d'autres mosquées de ce type, la mosquée d'Ardestân a un axe longitudinal fortement accentué par les proportions monumentales de *l'eyvân* du portail et de celui à l'entrée de la salle de prière lui faisant face. Cet *eyvân* axé vers la Mecque précède une grande salle sous coupole, un plan peut-être dérivé des temples du feu à coupole qui furent édifiés en Iran à l'époque préislamique, sous les Sassanides.

Cet axe directionnel est particulièrement prononcé à la Grande Mosquée d'Ispahan. Ce monument célèbre fut construit à l'origine au IXe siècle sur le plan hypostyle. Vers la fin du XIe siècle, deux pavillons indépendants à coupole furent érigés sur les côtés nord et sud, accolant ainsi le plan sous coupole au plan hypostyle. Puis, au début du XIIe siècle, quatre *eyvân* flanqués d'une double rangée d'ouvertures plus petites furent ajoutés autour de la cour, donnant à la mosquée d'Ispahan sa forme définitive à quatre *eyvân*.

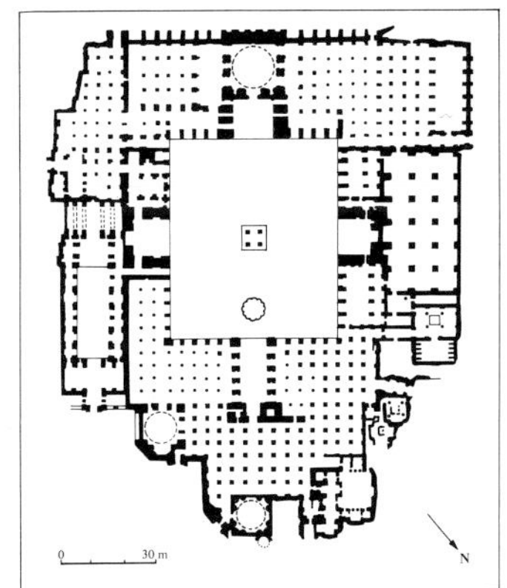

Iran, Ispahan, Masjed-é Jâmié (Grande Mosquée), VIIIe-XVIIe siècle. Cour intérieure avec eyvân *ouest. Photo Stierlin.*

Iran, Ispahan, Masjed-é Jâmié (Grande Mosquée), VIIIe-XVIIe siècle. Plan actuel.

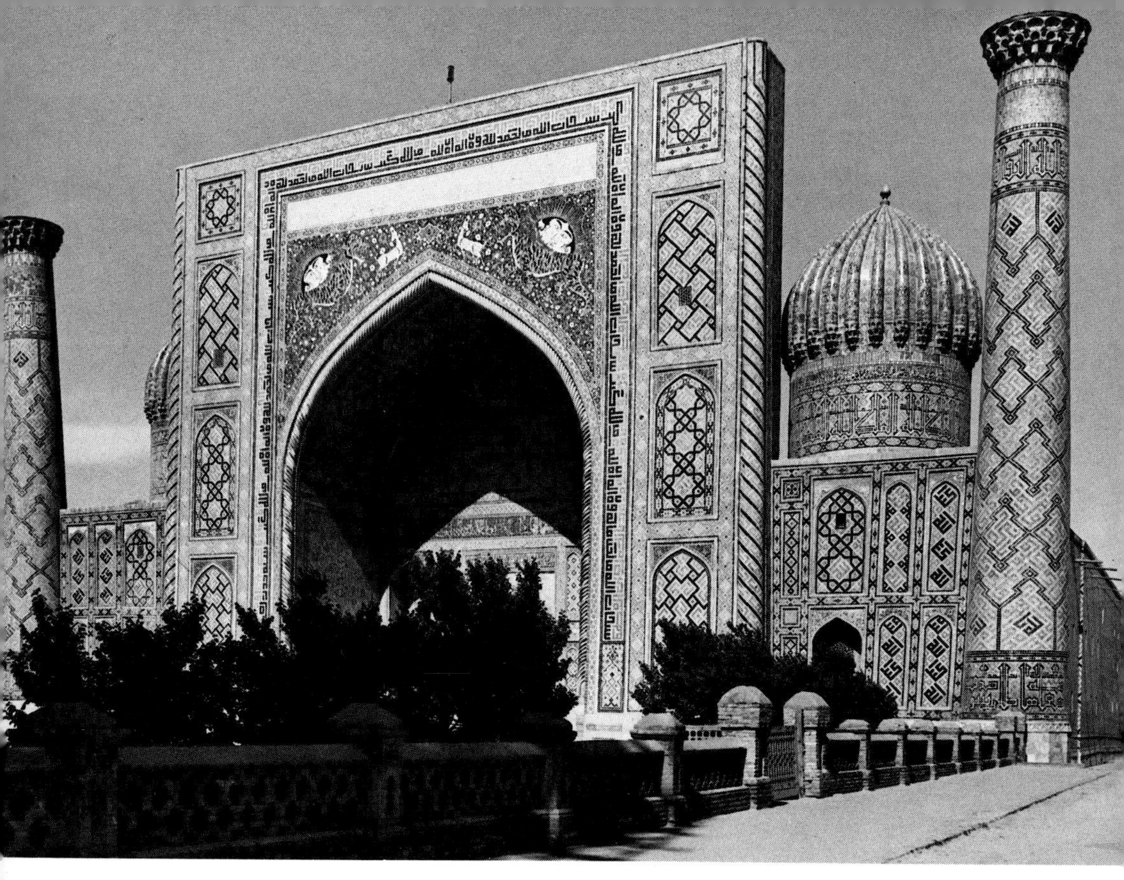

De nombreuses questions se posent encore quant aux origines et aux raisons qui conduisirent à ce plan à quatre *eyvân*. On peut sans doute les relier au développement de la médressé, une institution qui apparut en Iran oriental au cours du XIe siècle pour l'enseignement des doctrines de l'Islam orthodoxe. L'enseignement théologique fut probablement dispensé à la maison au départ; en Iran, celle-ci avait traditionnellement une cour centrale sur laquelle ouvraient quatre voûtes. A mesure que le rôle social de la médressé gagnait en importance, il est possible que le même plan ait été adopté pour des bâtiments de plus grandes dimensions. Il est en tout cas incontestable que ce plan à quatre *eyvân* combiné avec le plan du kiosque sous coupole fut l'une des réalisations architecturales les plus remarquables de la période seljoukide. Il devint bientôt le plan type des mosquées et médressés iraniennes, au moins jusqu'au XVIIe siècle. Sa persistance peut se constater encore à la médressé d'Ulugh Beg à Samarkand (1417-1420) à laquelle on accède par un grand portail à *eyvân* en façade.

Alors qu'en Iran seljoukide se développaient les

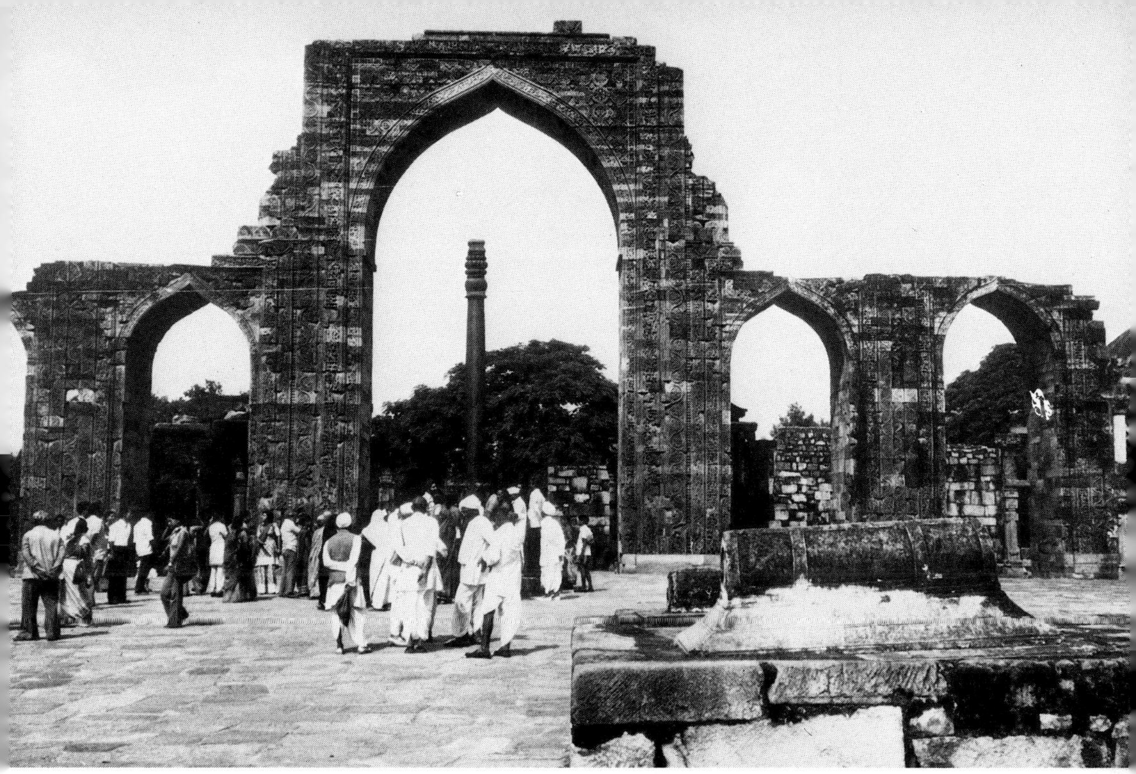

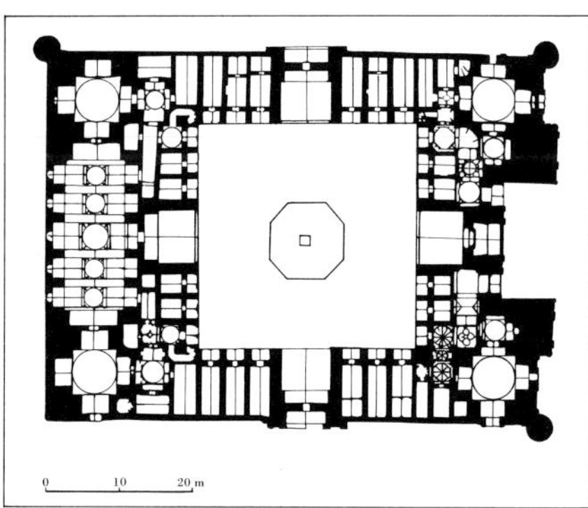

Asie centrale, Samarkand,
médressé *d'Ulugh Beg,*
1417-1420.
Façade extérieure. Photo Bottin.

Asie centrale, Samarkand,
médressé *d'Ulugh Beg,*
1417-1420. Plan.

Inde, Delhi, Quwwat al-Islam
(Puissance de l'Islam)
mosquée, v. 1197. Écran en pierre.
Photo Bottin.

Inde, Delhi, Qotb Minar, 1199.
Photo Bottin.

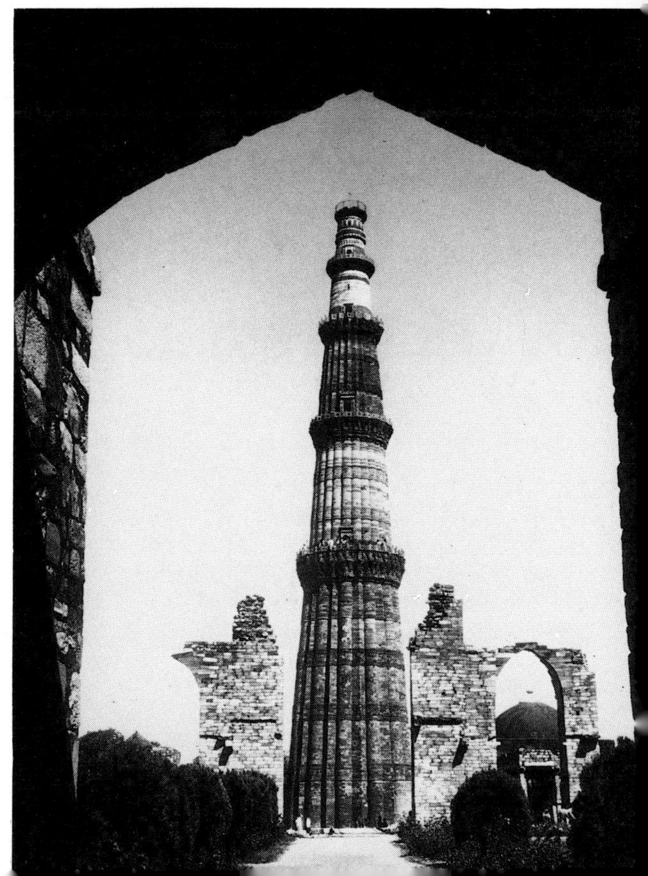

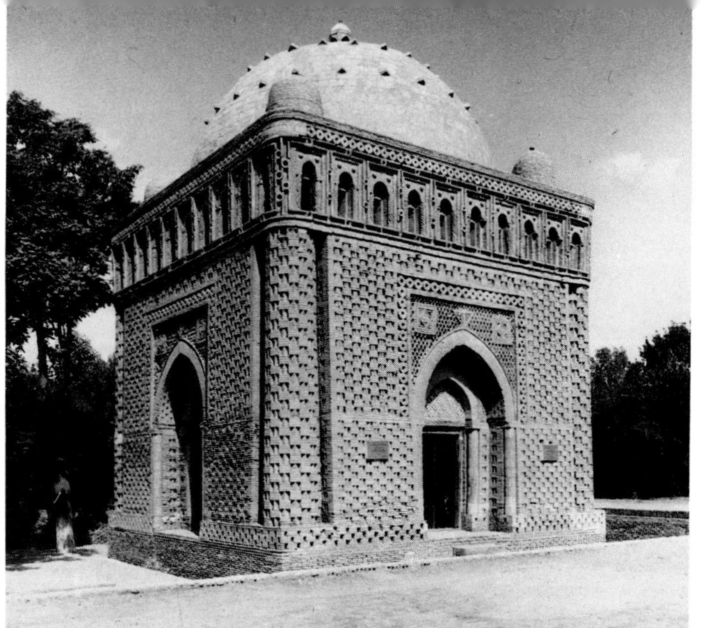

Asie centrale, Bokhara, mausolée des Sâmânides, Xᵉ siècle. Photo Bottin.

formes de l'architecture classique, les premiers véritables édifices islamiques commençaient seulement à apparaître en Inde. La première mosquée importante fut la Quwwat al-Islam de Delhi, construite vers 1197. Comme les mosquées hypostyles, elle a un péristyle à arcades qui entoure la cour centrale mais elle s'en différencie par les cinq coupoles qui surmontent le fond de la salle de prière et par la haute cloison à arcatures en avant de celle-ci, qui indique la *qibla*. Légèrement vers le sud se dresse un immense minaret à redans et godrons, le Qotb Minar, édifié en 1199. Son nom signifie « Tour de Victoire » et il était destiné tout autant à symboliser la présence de l'Islam dans la région de Delhi qu'à l'appel à la prière. La mosquée, comme le minaret, amalgament des éléments importés aux formules artistiques indigènes. Le plan d'ensemble du Quwwat al-Islam est islamique et les inscriptions qui entourent le Qotb Minar sont en arabe, mais les arcatures, les dômes de la mosquée et les balcons du minaret ont des encorbellements qui se rattachent aux techniques architecturales locales et les arcades de la mosquée sont constituées de colonnes et de pierres de remploi provenant des ruines de temples hindouistes de la région.

Le mausolée

Un grand nombre de mausolées furent érigés dans le monde islamique oriental pour abriter les sarcophages des défunts et pour honorer la mémoire de saints personnages ou de princes appartenant à des dynasties locales. La morphologie du mausolée peut

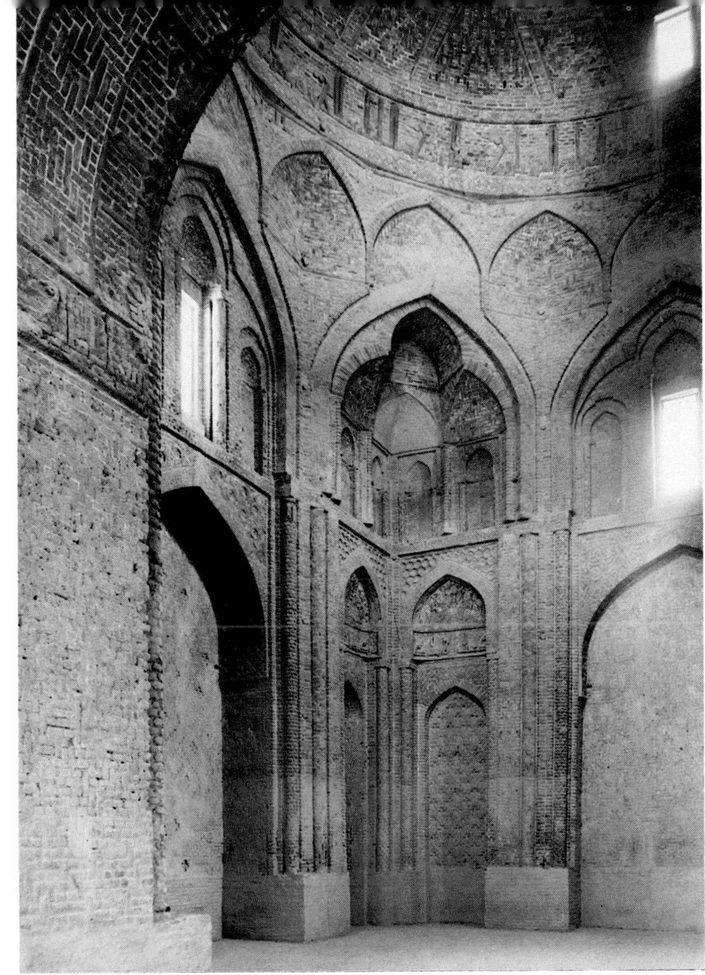

Iran, Ispahan, Masjed-é Jâmié (Grande Mosquée), VIIIe-XVIIe siècle. Intérieur de la salle sous la coupole nord, vue prise vers l'angle est (daté 1088). Photo Balestrini.

aller du cube sous coupole à la tour polygonale. Le plus ancien mausolée connu est celui érigé à Bokhara, au début du xe siècle, par les Sâmânides (819-1005) qui fondèrent la première principauté irano-islamique d'Asie centrale. Le monument est sur plan carré. Il a quatre ouvertures, des contreforts arrondis aux quatre angles et des arcatures qui font le tour du monument, à hauteur de corniche. Il est surmonté d'une coupole hémisphérique au centre et de quatre petites coupoles ovoïdes aux angles. A l'intérieur du mausolée, la transition du plan carré de la salle au cercle du dôme central se fait par l'intermédiaire de niches ou trompes d'angles. Ce procédé novateur devait être développé par la suite dans la salle nord sous coupole de la Grande Mosquée d'Ispahan, où les trompes d'angles sont divisées en une série de plus petites niches pour former un système complexe de *muqarnas*.

Une autre caractéristique remarquable de la tombe

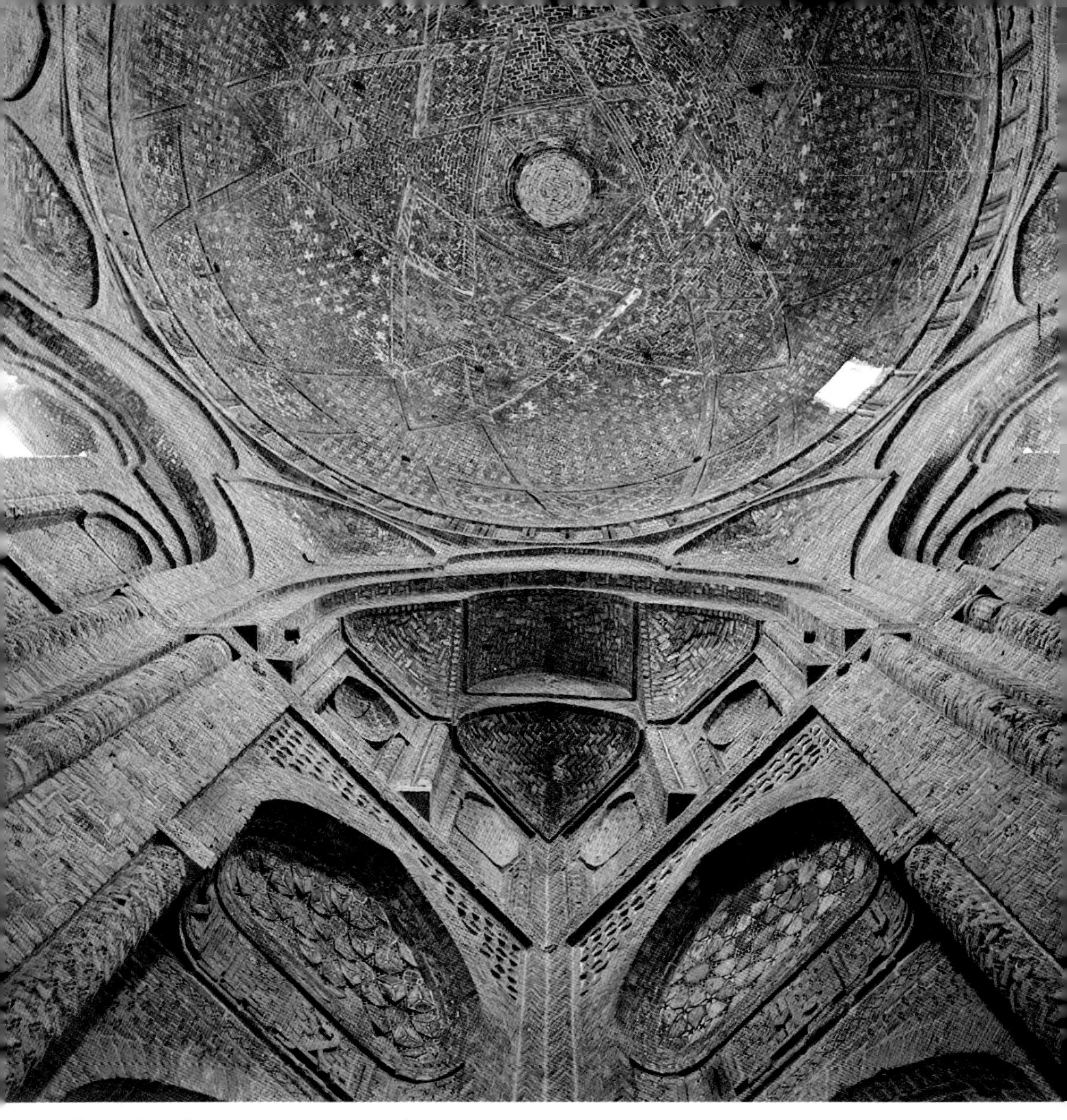

Iran, Ispahan, Masjed-é Jâmié (Grande Mosquée), VIIIe-XVIIe siècle. Intérieur de la salle sous la coupole nord, le dôme (daté 1088). Photo Stierlin.

Afghanistan, minaret de Jam, XIIe siècle. Photo Michaud-Rapho.

des Sâmânides est le décor des surfaces tant à l'intérieur qu'à l'extérieur. Les façades en briques parviennent à un effet de vannerie par l'emploi de briques striées présentant alternativement le grand et le petit côté. Bien que la brique ait déjà été utilisée pour le décor de surfaces architecturales dans l'art islamique occidental, les possibilités décoratives de ce matériau n'avaient jamais auparavant été employées avec autant d'imagination ni avec un aussi grand bonheur dans la recherche des motifs les plus harmonieux. Ce tombeau du xe siècle marque le début de l'emploi de la brique comme technique décorative pouvant

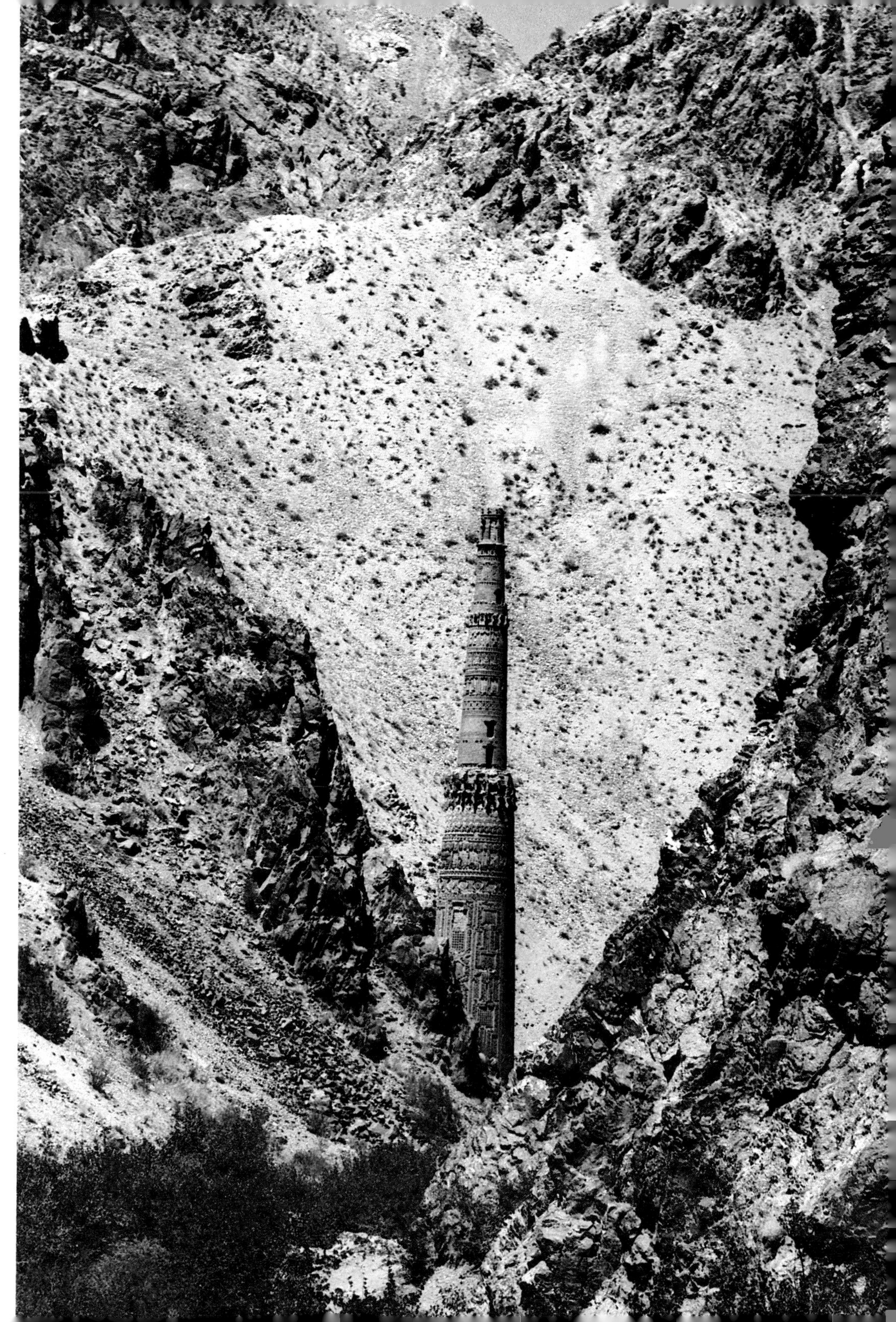

Iran, Damâvand, tour funéraire, XIe siècle. Photo Wood.

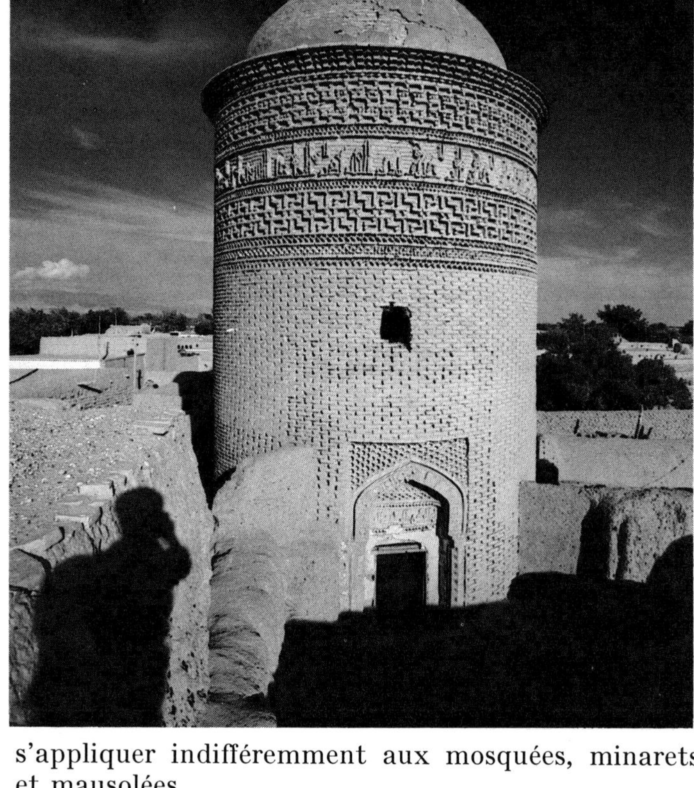

Iran, Gorgân, Gonbad-e Qâbus, 1007. Photo Stierlin.

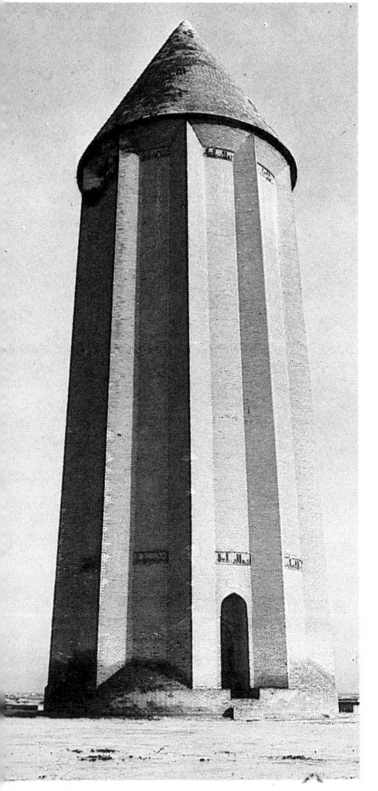

s'appliquer indifféremment aux mosquées, minarets et mausolées.

Le Gonbad-e Qâbus, au nord de l'Iran, représente une autre forme caractéristique de mausolée oriental : la tour funéraire. Ce monument cylindrique à redans, érigé en 1007 sur un remblai important formant colline, mesure plus de 51 m de hauteur et se termine par un toit conique fait de briques incurvées. Sa grande hauteur est accentuée par les dix redans aigus. Contrairement au mausolée des Sâmânides, l'ornementation du Gonbad-e Qâbus se limite à deux bandeaux épigraphiés identiques.

La construction de monuments commémoratifs demeura une préoccupation constante des mécènes royaux en Iran, Asie centrale et Afghanistan, tout au long de la période postseljoukide. L'un des plus importants et imposants parmi ces mausolées impériaux fut celui du souverain Il-Khânide, Oljeytu, édifié en 1306-1317 dans sa nouvelle capitale, Soltâniyé, en Iran occidental. L'élément le plus remarquable de cet édifice en briques est l'immense dôme central, entouré à l'origine par une couronne de huit minarets élancés. La partie basse du monument est un octogone massif dont la façade se compose de deux rangées de niches aveugles et d'une galerie dont les arcades

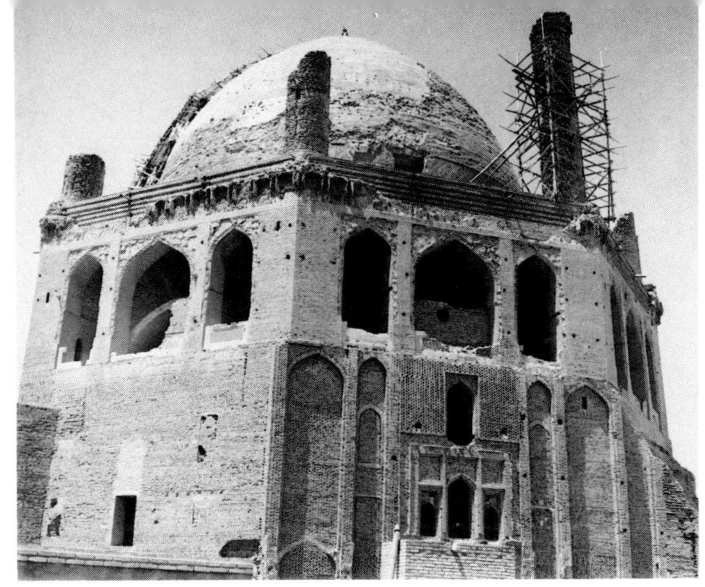

Iran, Soltâniyé, tombeau d'Oljeytu, 1306-1317. Extérieur. Photo Roger-Viollet.

ouvrent sur l'extérieur. Le dôme, les minarets, ainsi que les stalactites *(muqarnas)* de la corniche et les ressauts des arcs étaient à l'origine entièrement recouverts de briques émaillées bleues. Les voûtes de la galerie étaient décorées d'arabesques et de motifs géométriques colorés en rouge, jaune, vert et blanc. La couleur était déjà apparue dans le décor extérieur de certains monuments seljoukides, essentiellement sous forme de briques émaillées, mais les surfaces de briques entièrement colorées, comme ici, constituent une évolution il-khânide dans cette technique décorative.

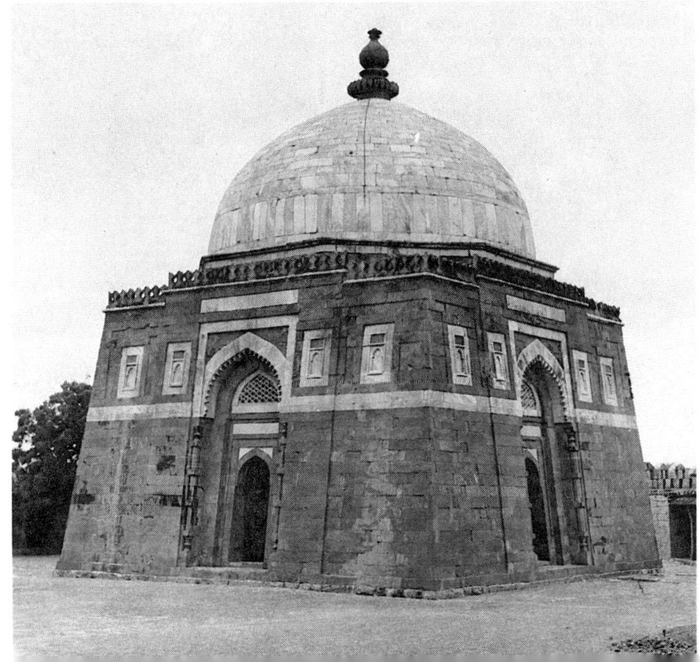

Inde, Delhi, tombeau de Ghiyâs al-Din Tughluq, 1325. Photo Frédéric-Rapho.

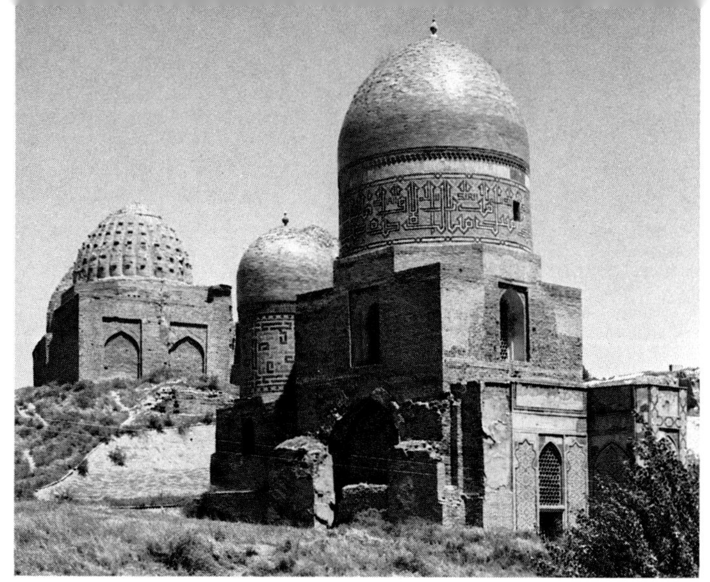

Asie centrale, Samarkand, Châh-é Zendé (complexe funéraire), XIVe-XVe siècle. Vues de plusieurs tombeaux. Photo Bottin.

L'architecture islamique contemporaine en Inde ne recourait pas à ce genre de décor tapissant, les matériaux de construction étant d'eux-mêmes très colorés. Le tombeau de Ghiyâs al-Din Tughluq, édifié en 1324 à Delhi, a une façade de grès rouge avec des rehauts et une coupole de marbre blanc. Ce monument est un bon exemple de la combinaison des traditions musulmanes et hindoues qui caractérise l'architecture indo-islamique dans sa phase de développement accéléré au cours des XIVe et XVe siècles. Bien qu'il soit de plan carré sous coupole comme le mausolée des Sâmânides à Bokhara, le fruit de ses murs, le style de la porte et du tympan surmontant son linteau, la forme des arcs à bordure lancéolée et le pinacle surmonté de symboles propitiatoires hindous sont caractéristiques du sous-continent indien.

Sous le règne des Timourides (1370-1506), l'architecture en Iran, en Asie centrale et en Afghanistan avait adopté les formes et le style de décor qui allaient se maintenir pendant plusieurs siècles. Samarkand, la capitale timouride, fut le site principal de l'activité architecturale de cette période. La concentration la plus importante de monuments subsistants se trouve dans le complexe funéraire du Châh-e Zende, à l'extérieur de la ville. La plupart des mausolées de ce cimetière comportent une petite salle funéraire carrée couronnée d'un dôme très élevé reposant sur un haut tambour. Certains de ces dômes sont godronnés. Les bâtiments sont décorés avec le plus grand soin, tant extérieurement qu'intérieurement, à l'aide de briques émaillées, de panneaux de

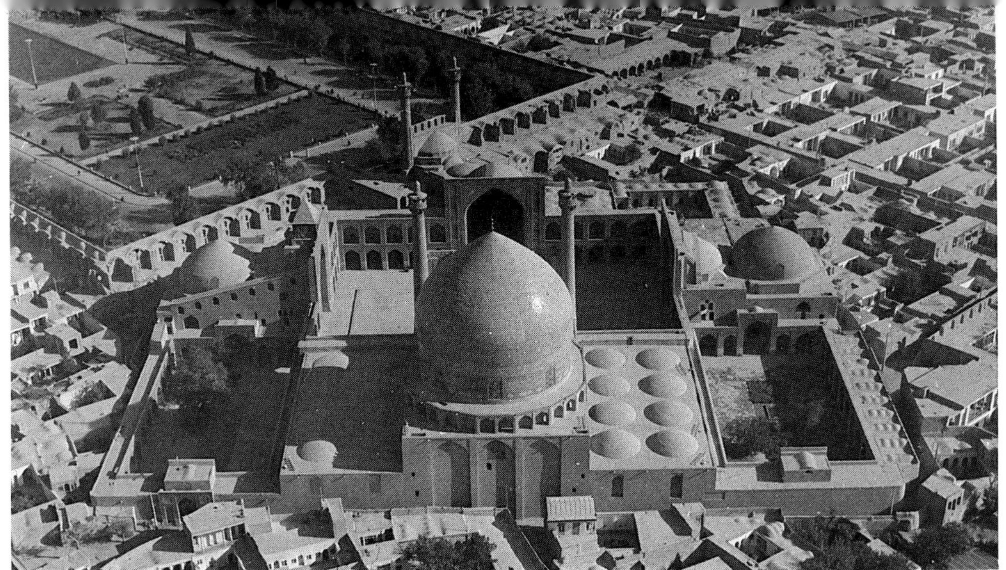

Iran, Ispahan, Meydân-é Châh (place royale), 1597-1617. Vue d'ensemble avec au fond, la Masjed-é Châh (mosquée du Châh). Photo Stierlin.

mosaïque et de carreaux de céramique peints. Une telle prodigalité dans l'emploi de la couleur a le double effet de dématérialiser la surface architecturale et de cacher le matériau de construction.

La ville impériale

C'est à Ispahan que la longue et prestigieuse histoire de l'architecture monumentale d'Iran parvint à son apogée, sous le patronage de Châh Abbâs, un grand souverain de la dynastie safavide (1501-1732), qui choisit cette vénérable cité pour capitale en 1598. Le cœur de sa nouvelle métropole, le Meydan-é Châh, est une grande place rectangulaire entourée d'arcades où se déroulent les défilés, les exercices militaires et les jeux de polo et où se tiennent aussi des marchés occasionnels. Chacun des quatre côtés du Meydan est ponctué d'un monument majeur présentant une façade aux carreaux richement colorés. La majestueuse Masjed-é Châh, la Grande Mosquée, domine le côté sud de la place. Elle a deux minarets et un vaste portail menant à une cour à quatre *eyvân*. Sur le côté est du Meydan, s'élève une mosquée funéraire, la Masjed-é Cheykh Lotfallah, de dimensions plus modestes. Édifiée en 1617, pour honorer la mémoire du beau-père de Châh Abbâs, et réservée à l'usage personnel du Châh, cette mosquée consiste en une salle sous coupole, superbement décorée.

Lui faisant face, le palais de Châh Abbâs, appelé Ali Qâpu, c'est-à-dire « la haute porte », ouvre par une entrée à deux étages. Derrière cette façade altière, le palais royal s'étend sur huit étages en de très nombreuses pièces, parmi lesquelles le salon de musique

Page 23 en haut :
Iran, Ispahan,
Ali Qâpu,
début du XVIIe siècle.
Intérieur,
salon de musique.
Photo Stierlin.

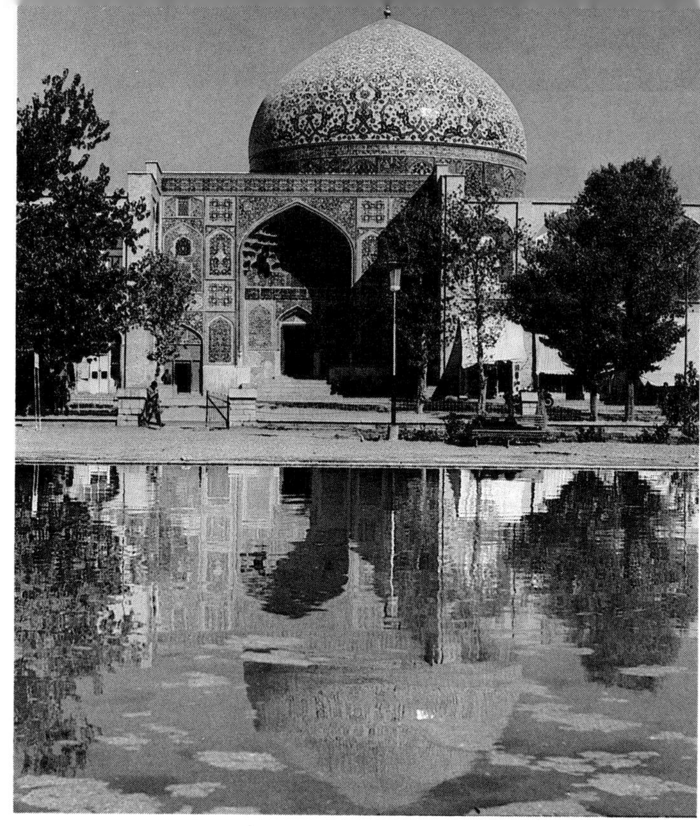

Iran, Ispahan,
Masjed-é Cheikh
Lotfollâh, 1617.
Façade d'entrée
et dôme.
Photo Stierlin.

aux murs et plafond découpés en forme de bouteilles. Enfin, sur le côté nord du Meydân se trouve le portail du bazar. A l'époque de Châh Abbâs, ce bazar était le centre du commerce et des manufactures pour tout l'Empire safavide. Conçu comme une entité spatiale homogène, le Meydân-é Châh d'Ispahan exprime les intérêts majeurs de la culture et de la société traditionnelles de l'Islam : la prière, la commémoration, les loisirs princiers et le commerce. La symétrie de cette place, ainsi que le plan et le décor de chacun des monuments appartiennent également au courant général de l'architecture de l'Orient islamique dans son dessin et ses usages. Cependant, l'effet d'ensemble est étrangement théâtral, particulièrement du fait que seules les façades principales des monuments sont décorées. Il semblerait presque que Châh Abbâs portait plus d'intérêt à l'illusion qu'à la matière.

L'architecture islamique en Inde

L'architecture islamique en Inde fut dans sa pleine maturité sous la dynastie mogole (1526-1858) dont les souverains firent construire de splendides mosquées, mausolées et palais. Le mausolée mogol de loin le plus célèbre — et probablement aussi l'exemple le mieux connu de toute l'architecture islamique — est le Taj Mahâl d'Agra. Construit par Châh Jahân en 1632-1654, le Taj se dresse sur un socle surélevé, au bord de la rivière Jumna, auquel mène un vaste jardin divisé en quatre parties égales suivant le dessin traditionnel des jardins d'Iran. Le mausolée a quatre

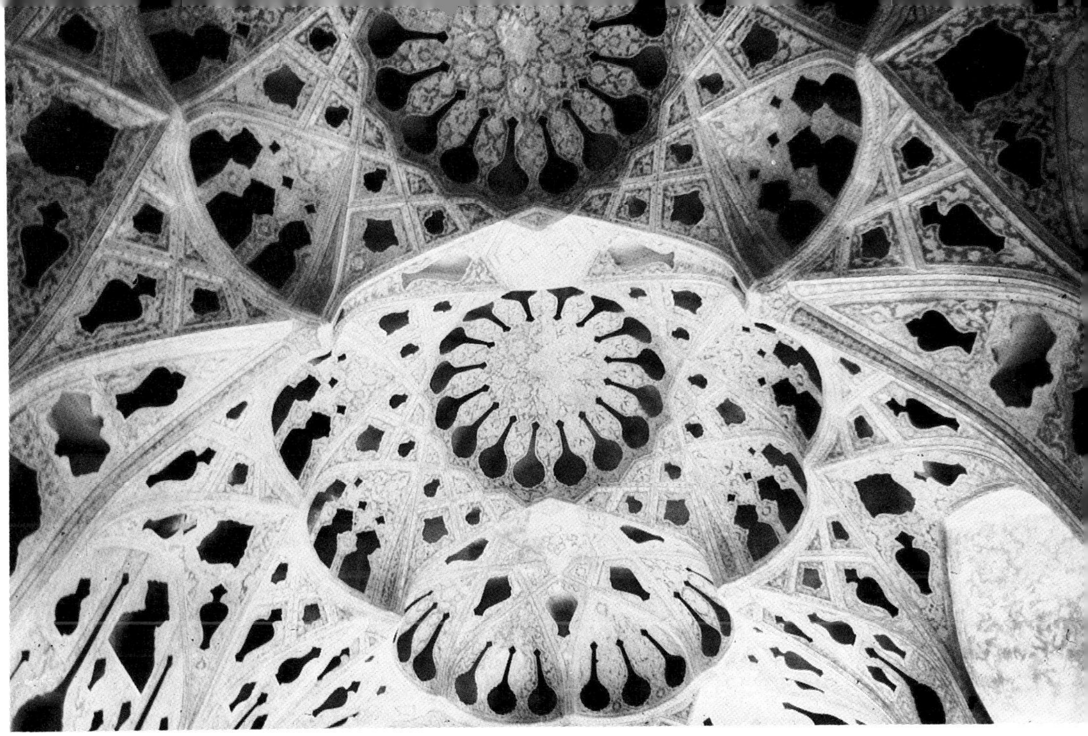

Inde, Delhi,
tombeau de Homâyun,
1565.
Façade sud.
Photo Stierlin.

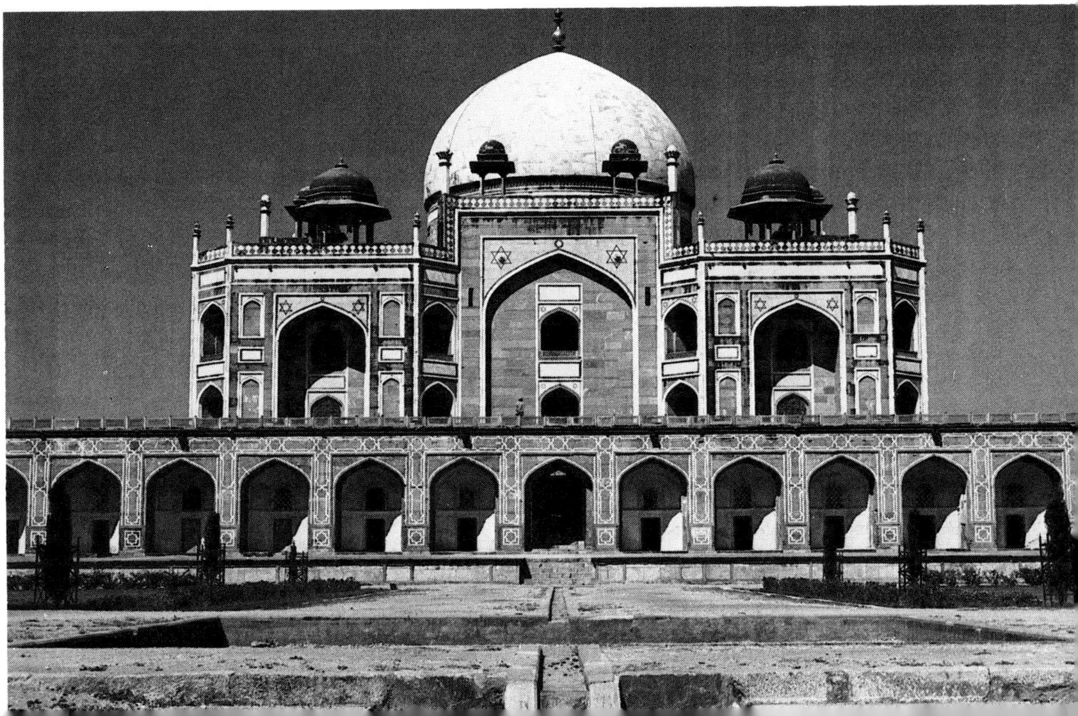

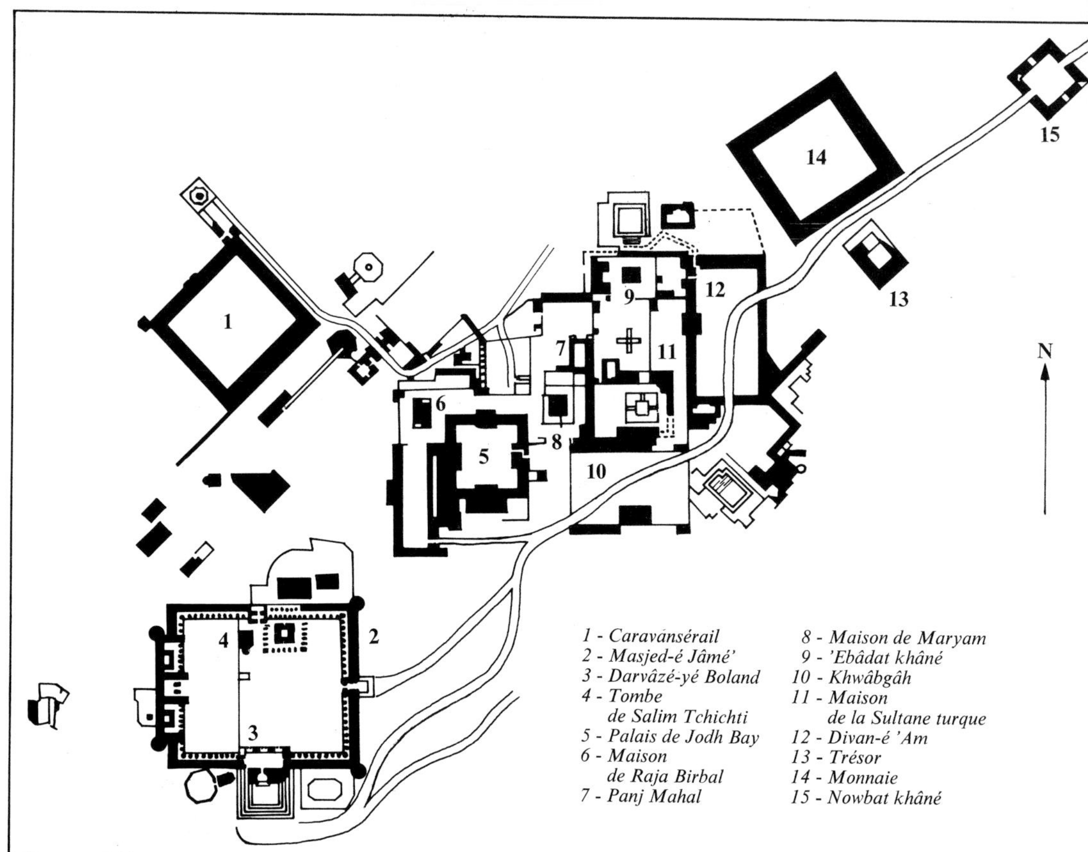

Inde, Fathépur Sikri, palais 1569-1574. Plan du complexe dans son ensemble.

façades identiques, chacune comportant un *eyvân* central flanqué d'*eyvân* plus petits sur deux étages. Ces deux *eyvân* superposés se répètent aux angles, transformant le plan carré en octogone et rappelant ainsi la mosquée d'Oljeytu à Soltâniyé. Le haut dôme central est doublé, à l'intérieur, d'un dôme moins élevé au-dessus de la salle funéraire. Ce type de construction dérive directement des mausolées timurides de Samarkand, tandis que les quatre petits pavillons extérieurs appartiennent à la tradition architecturale de l'Inde. Ils correspondent à des antichambres, en dessous, qui sont reliées à l'espace central par des couloirs dans une dispositon symétrique en faveur chez les Mogols. Le Taj Mahâl réunit ainsi dans sa disposition, son plan et son décor, les traditions architecturales de l'Iran, de l'Asie centrale et de l'Inde avec un constant souci d'harmonie et d'équilibre dans la masse structurale comme dans le détail décoratif qui en font un monument d'essence islamique par la forme et l'esprit.

Inde, Fathépur Sikri, palais, 1569-1574. Vue avec le Divân-é Khâs. Photo Stierlin.

Inde, Agra, Tâj Mahâl, 1632-1654. Façade sud. Photo Stierlin.

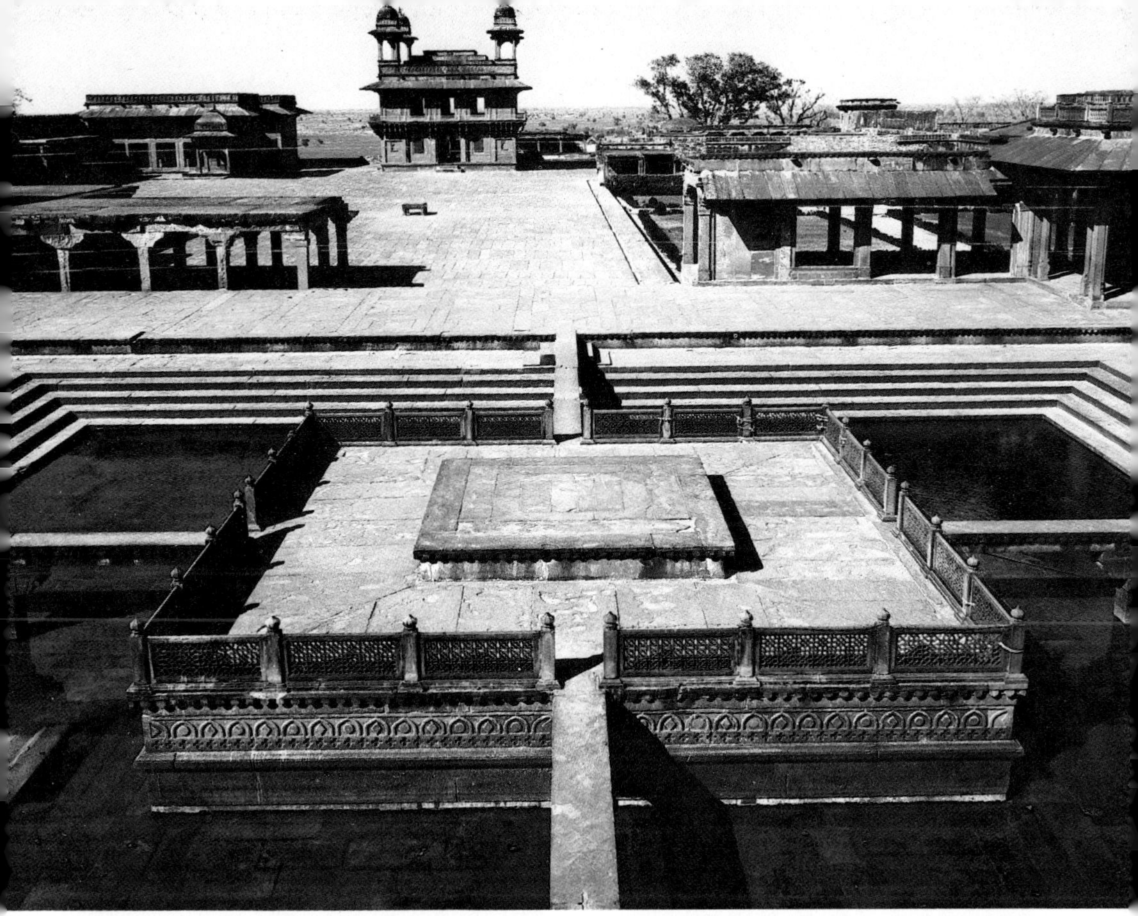

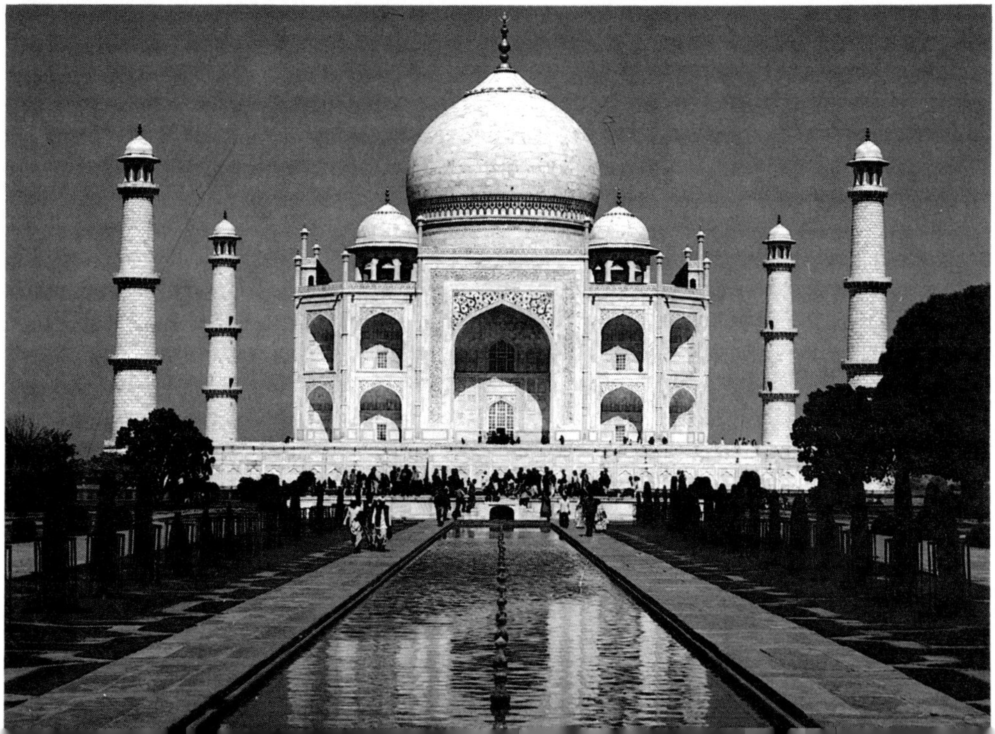

Plat en céramique à décor peint sous glaçure; inscription arabe peinte à l'engobe brun sur fond engobé blanc. Iran du Nord-Est, X^{e}-XIe siècle. Paris, musée du Louvre. Photo Musées nationaux.

Aiguière en céramique à tête de coq; décor noir et turquoise peint sous glaçure; paroi extérieure réticulée. Iran, début du XIIIe siècle. Washington, Freer Gallery of Art. Photo du musée.

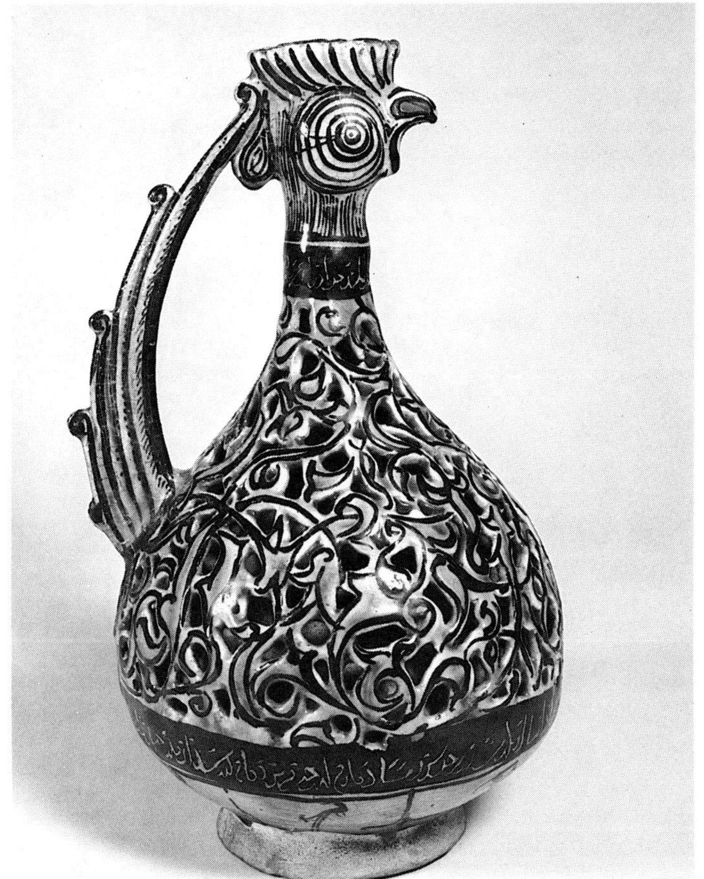

L'ART DE L'OBJET

La céramique

Le groupe d'objets le plus ancien dont nous ayons connaissance en ce qui concerne la région orientale du domaine islamique remonte à la dynastie sâmânide (819-1005). Ce sont des céramiques trouvées dans plusieurs sites du nord-est de l'Iran, dans la province du Khorassan et dans la région limitrophe de Transoxiane au cours des fouilles archéologiques menées sur l'emplacement des entrepôts médiévaux de Nichâpur et d'Afrâsiyâb. Les masses de récipients et ustensiles de tous genres, tessons, moules, fragments de fours, déchets de cuissons et autres débris qui y furent découverts prouvent sans conteste que la fabrication de poterie y était d'importance majeure. Ces pièces sont toutes des céramiques de petit feu, au décor peint à l'engobe, c'est-à-dire à l'aide d'une argile délayée et colorée, sous une glaçure au plomb.

Les céramiques sâmânides les plus frappantes sont une série de plats et de bols peints à l'engobe noir et marron foncé sur un fond à engobe blanc. Beaucoup ont pour seul ornement une inscription arabe dans une écriture angulaire, le coufique. Comme sur la pièce illustrée ici, le rythme régulier de cette calligraphie est fréquemment accentué par l'allongement de certaines lettres et le groupement serré de certaines autres. Les hampes des lettres sont souvent entrelacées et agrémentées de feuillage. Le contenu de ces pièces épigraphiées sâmânides est aussi intéressant que leur forme. Ce sont, presque exclusivement, des inscriptions sapientiales ou moralisatrices prônant les vertus du savoir, du travail, de la patience, de la générosité et de la piété et appelant des bénédictions sur des possesseurs anonymes. Cet exemple typique proclame : « La science, son goût est amer au début mais à la fin plus doux que le miel. Santé (au posseur). » Ces préceptes reflètent sans doute la mentalité de la bourgeoisie islamique qui formait une classe importante et prospère dans ces territoires du nord-est de l'Iran à l'époque sâmânide.

Du XIe au XIVe siècle, l'industrie de la céramique continua à se développer. De nouveaux centres de production apparurent et de nouvelles techniques furent utilisées. Une innovation tout à fait révolutionnaire de l'époque seljoukide (1038-1094) en Iran fut la découverte d'une fritte blanche qui cuisait à haute température. La blancheur de cette pâte permettait aux potiers d'y appliquer directement le décor, généralement à deux ou trois couleurs dans la gamme des verts et des bleus, avec aussi du noir, sans avoir à recourir à l'engobage préalable de la pièce. Le décor était ensuite recouvert d'une glaçure alcaline transparente — autre innovation de cette période — qui adhérait bien à la fritte et aux pâtes de composition mixte. Les potiers de l'Orient islamique possédaient ainsi, pour la première fois, un matériau leur permettant de produire des objets aux parois minces incisées et percées, et même de façonner des objets à double paroi dont l'enveloppe extérieure était réticulée et ornée comme un écran floral.

Les céramiques composites pouvaient être décorées sur ou sous glaçure. De nombreuses pièces de période médiévale, peintes sur glaçure, avaient un lustre métallique. Ce procédé, apparemment inventé en Irak au IXe siècle et adopté en Iran dans le dernier quart du XIIe siècle, consistait, après une première cuisson, à peindre le décor sur la glaçure en utilisant un mélange de sulfure d'argent et d'oxyde de cuivre, puis de soumettre la pièce à une deuxième cuisson en atmosphère réductrice, c'est-à-dire pauvre en oxygène. Les oxydes ainsi transformés en métaux simples

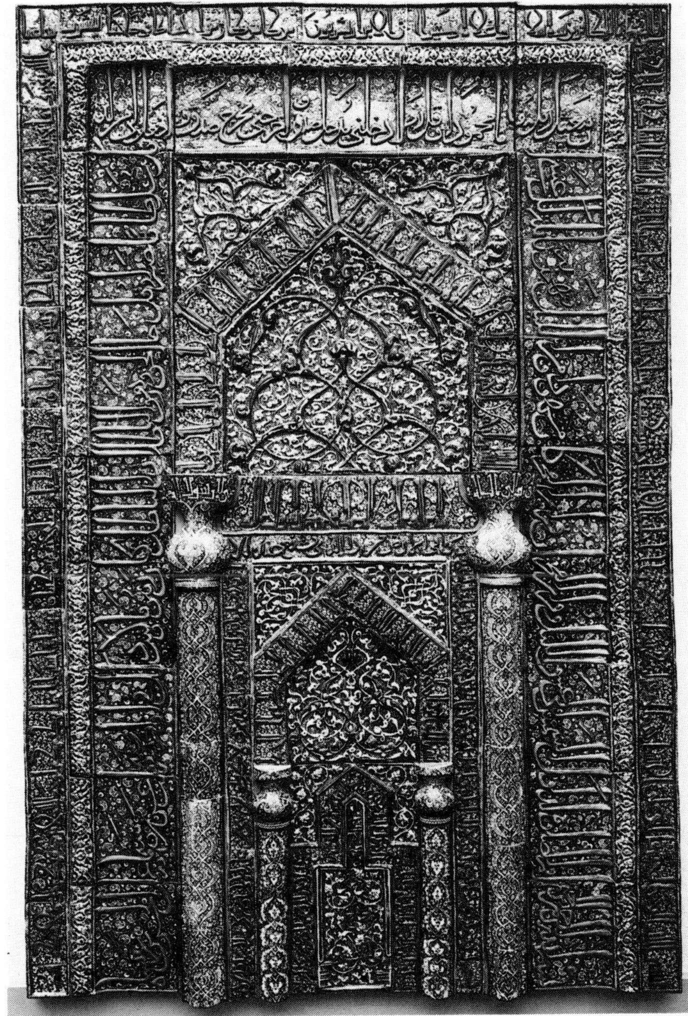

Mihrâb *en céramique à décor bleu peint sous glaçure, et lustre peint sur glaçure. Iran, Kâchân, mosquée Meydân. Signé par Hassan Ebn 'Arabchâh Naqqâch et daté 1226. Berlin-Est, Staatliche Museen, Islamisches Museum. Photo du musée.*

se déposaient à la surface de la glaçure et donnaient à ce décor son aspect caractéristique à l'éclat métallique et parfois irisé.

Diverses cités iraniennes produisirent sans doute cette céramique à lustre métallique, mais les données historiques les plus sûres sont celles que nous possédons pour Kâchân, une ville à environ 400 km au sud de Téhéran. Son identification comme centre de production de céramique lustrée est fondée sur le *mihrâb* qui fut exécuté pour la mosquée Meydân de cette ville, en 1226. Il est orné d'inscriptions et d'arabesques de couleur bleue, sous glaçure, et de motifs floraux en lustre métallique sur glaçure. Ce *mihrâb* nous apporte également la signature de l'artiste qui le décora, Hassan ebn Arabchâh, qui appartenait à

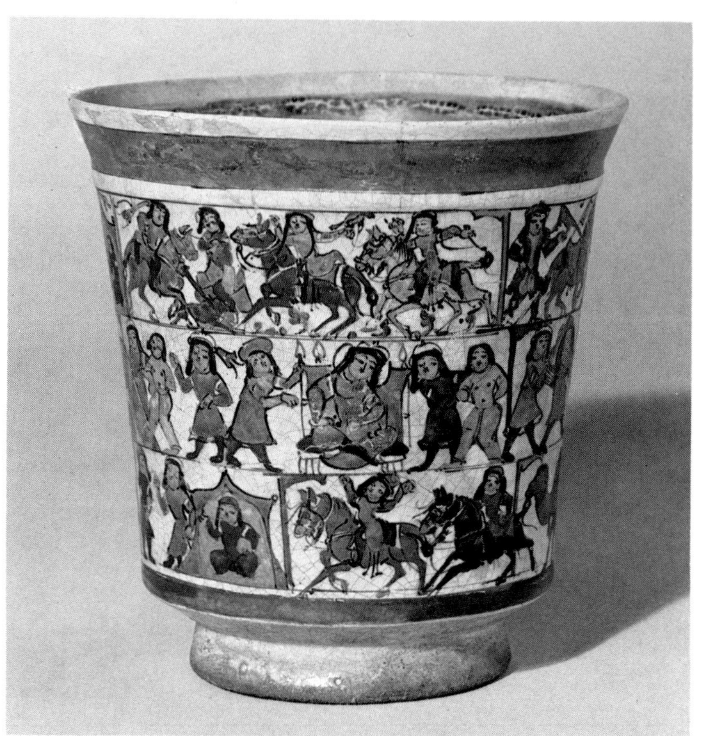

Gobelet en céramique à décor polychrome peint sur glaçure (minâ'i).
Iran, fin XIIe-début du XIIIe siècle.
Washington, Freer Gallery of Art.
Photo du musée.

une famille renommée de céramistes à Kâchân, dont trois générations fabriquèrent des objets à lustre métallique.

Le décor sur glaçure le plus original de la période seljoukide en Iran est celui appelé *minâ'i*. Comme le lustre, ce procédé requiert plusieurs cuissons pour fixer les nombreuses couleurs vives et émaillées, allant parfois jusqu'à sept, qui étaient utilisées. Les compositions exécutées dans cette technique *minâ'i* sont de bonne qualité, avec une vivacité dans la représentation figurale qui rappelle certaines des miniatures qui illustrent les manuscrits islamiques du XIIIe siècle.

Les sujets représentés sur ces céramiques sont aussi multiples et variés que les techniques pour les appliquer sur ou sous glaçure. L'iconographie puise au répertoire traditionnel des plaisirs princiers et de la cosmologie; elle s'inspire également des thèmes de la littérature narrative et mystique. La calligraphie tient une place importante dans le décor de tous ces objets, ainsi que l'arabesque, utilisée pour tapisser les fonds ou comme motif principal. Les potiers médiévaux recoururent à divers procédés pour intégrer ces thèmes disparates dans des compositions homogènes à l'extérieur et à l'intérieur de céramiques aux formes arrondies et irrégulières.

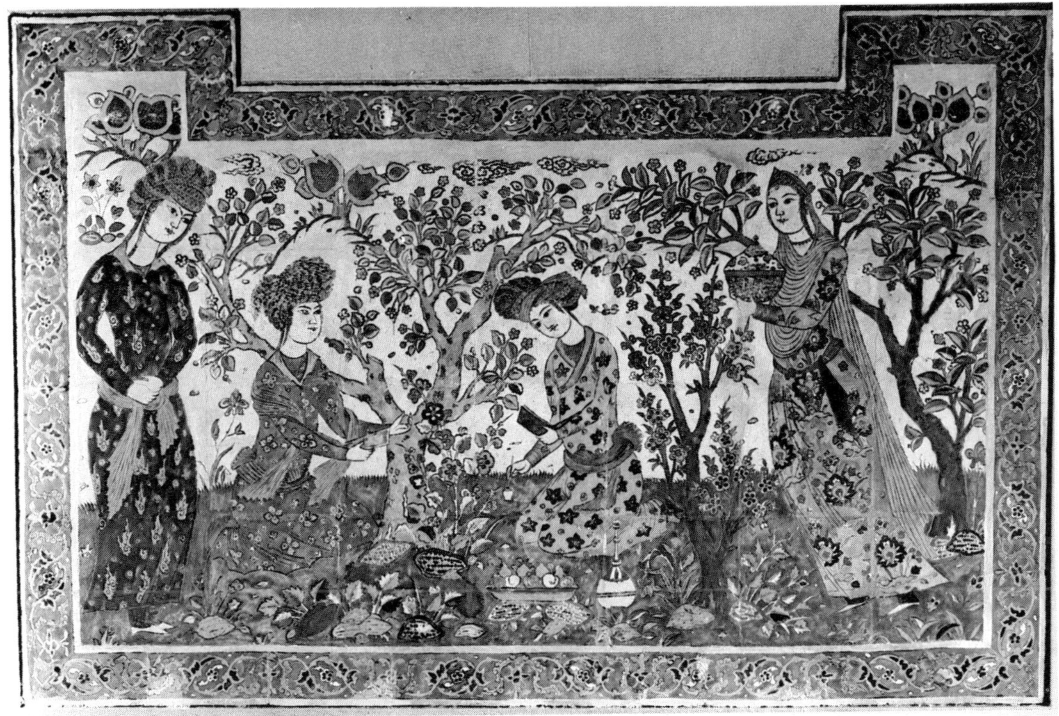

Panneau de revêtement en céramique à décor peint sous glaçure ; scène de jardin. Iran, Ispahan, Tchehel Sotun (palais des Quarante colonnes), début du XVIIe siècle. Paris, musée du Louvre. Photo Musées nationaux.

La variété technique et la vigueur qui caractérisent tant de céramiques des époques sâmânide et seljoukide déclinèrent après la période il-khânide (1256-1353), bien qu'il y ait eu, comme nous l'avons vu plus haut, abondance de carreaux en céramique émaillée dans le décor architectural des xve et xvie siècles. La céramique connut une nouvelle période faste sous les Safavides (1501-1732), quand Châh Abbâs et d'autres monarques du xviie siècle firent orner les salles de leurs palais d'Ispahan de panneaux au décor polychrome sous glaçure, représentant le plus souvent des fêtes et réunions musicales au jardin.

Le verre

Comme ce fut le cas pour la céramique, le verre produit au début de l'époque islamique perpétua souvent les traditions anciennes et il est difficile à distinguer de celui fait à la fin de la période sassanide. Les pièces que l'on peut situer entre le viiie et le xe siècle comprennent des bouteilles et des flacons à long col et panse globulaire ou campaniforme dont le décor meulé en un réseau de facettes concaves crée un effet de nid d'abeille. D'autres décors gravés, incisés ou sculptés en bas-relief, comportent des motifs floraux stylisés, des animaux ou encore des inscriptions. Les verriers des premiers siècles de

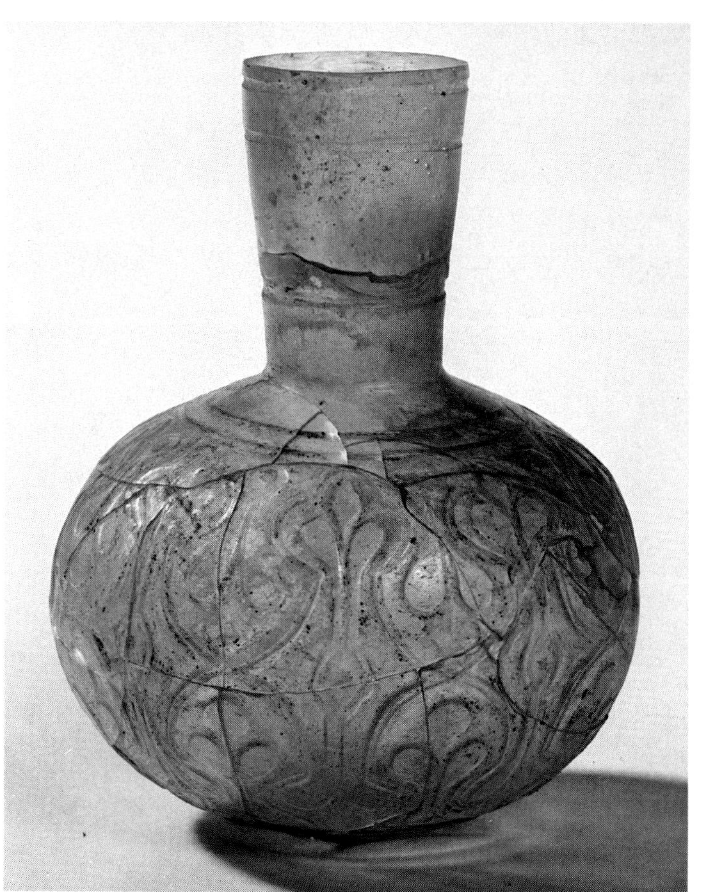

Flacon en verre transparent. Iran, Nichâpur, VIIIe-Xe siècle. Copenhague, collection David. Photo de la coll.

l'Islam recouraient souvent à la superposition de deux épaisseurs, appliquant une couche de verre coloré — généralement bleu ou vert — sur un fond de verre incolore; ils meulaient ensuite la couche supérieure de manière que les motifs seuls se détachent en couleurs et en relief sur le fond incolore. Les objets en verre du XIe au XIIIe siècle ont souvent pour principal décor l'application de verre filé.

La production verrière de ces régions est mal connue après les invasions mongoles. Il est possible qu'il y aït eu des verres émaillés et dorés faits en Iran entre les XIIIe et XVe siècles, mais l'Égypte et la Syrie détenaient pratiquement le monopole de cette production. Il faudra attendre la deuxième moitié du XVIe siècle pour retrouver une production abondante de verre, plus spécialement à Chiraz.

Le métal

Ce hiatus n'existe pas dans l'histoire du métal que l'on peut suivre de manière presque ininterrompue depuis le Xe siècle. Il existait une grande tradition

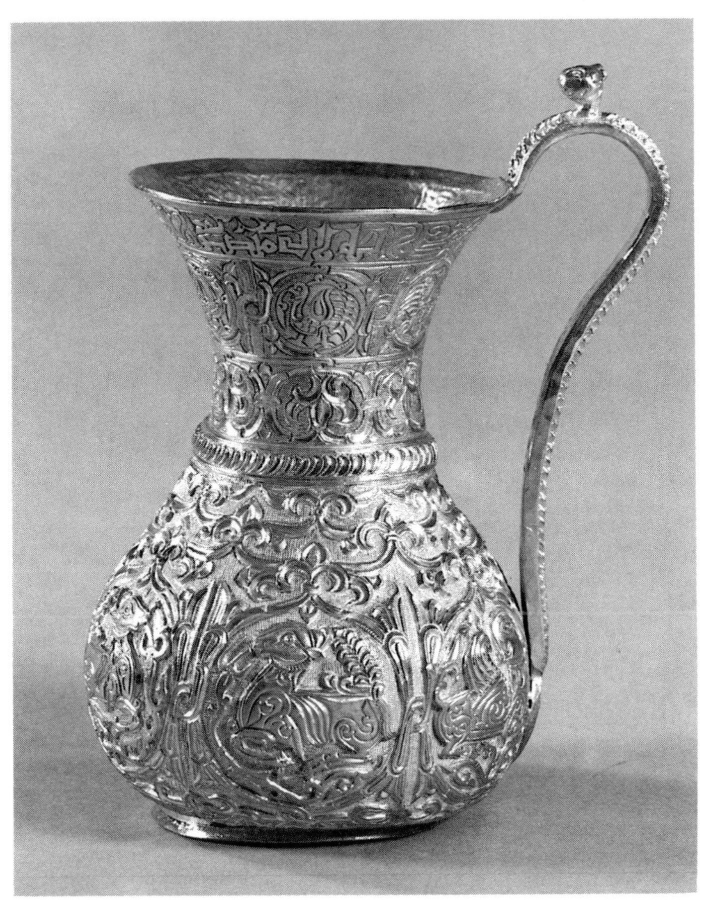

Aiguière en or à décor ciselé et gravé. Iran, 2e moitié du Xe siècle. Washington, Freer Gallery of Art. Photo du musée.

d'orfèvrerie en Iran et en Asie centrale avant la conquête islamique. Cette tradition est encore reflétée par les objets d'or et d'argent attribués à la phase initiale de l'art du métal en Islam.

A la fin du XIe siècle, les artisans se tournèrent vers des métaux moins nobles, comme le bronze et le cuivre, et créèrent des objets pour les milieux princiers et pour la bourgeoisie aisée des villes. Du XIe au XIIIe siècle, la province du Khorassan fut un centre particulièrement prolifique dans la production d'objets et récipients de tous genres en métal et, parmi ceux-là, de petites sculptures zoomorphes. De nombreux bronzes du Khorassan, tel ce brûle-parfum en forme de lion, étaient coulés dans un moule et les décors de surface comme les inscriptions et les arabesques gravés à froid après démoulage. Les objets en cuivre étaient généralement façonnés dans des feuilles de métal et souvent faits au tour. Les pièces de formes sculptées à froid, comme par exemple les chandeliers et les aiguières, étaient le plus souvent

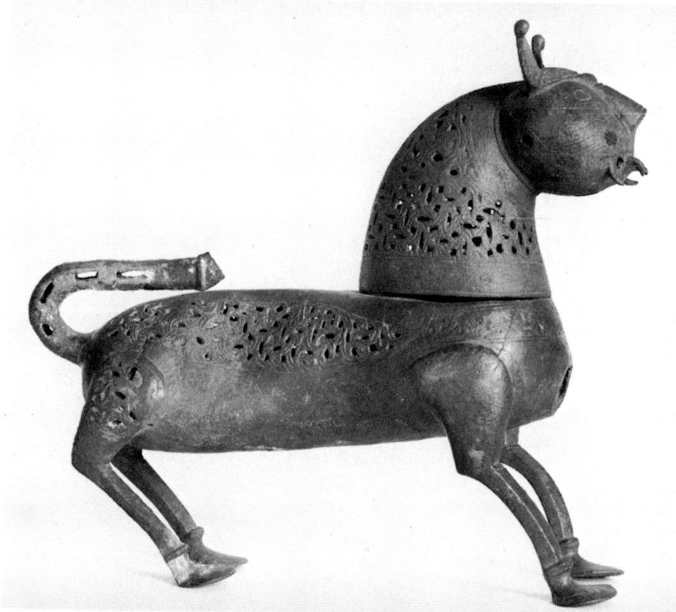

Brûle-parfum en forme de lion ; bronze à décor incisé. Iran, Khorassan, XI-XIIe siècle. Paris, musée du Louvre. Photo Musées nationaux.

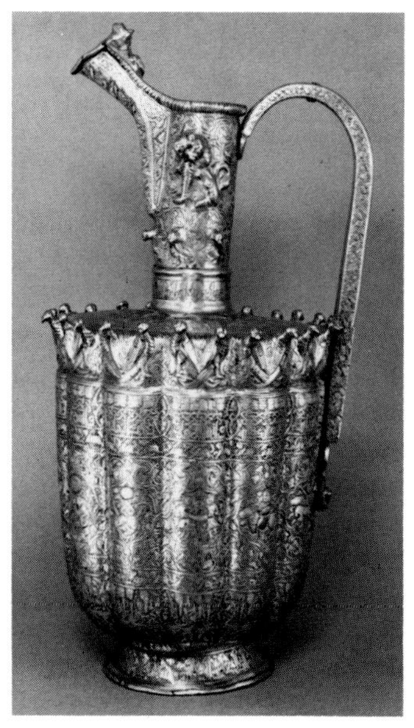

Aiguière en cuivre à décor incisé et incrusté d'argent. Iran, Khorassan, fin XIIe-début du XIIIe siècle. Londres, British Museum. Photo du musée.

constituées de plusieurs éléments soudés ensemble. Parmi les objets les plus élaborés, il faut citer ceux qui sont ornés de petits lions et d'oiseaux en haut-relief obtenus par martelage de l'intérieur de la pièce, au repoussé.

Un seau fait en 1163 à Herat (aujourd'hui ville d'Afghanistan) et commandé par un habitant de cette ville à l'intention d'un marchand de Zenjân, dans l'ouest de l'Iran, témoigne de la réputation panasiatique de l'art du métal du Khorassan. Cette pièce nous fournit également des renseignements précieux quant au statut accru de l'artisan musulman jusqu'alors demeuré anonyme, et sur la répartition du travail dans cet artisanat. Ses inscriptions nomment celui qui forma le récipient et celui qui le décora, référence qui présente un intérêt tout particulier quand on sait que ce seau est le deuxième exemple par l'ancienneté d'une nouvelle technique décorative apparue au XIIe siècle, l'incrustation de filets ou de feuilles de cuivre, d'or et d'argent dans les décors creusés et gravés dans le métal. L'incrustation de métaux précieux, qui créait un heureux effet de contraste avec les fonds en bronze et rehaussait l'éclat du cuivre, fut, pour l'art de l'objet dans l'Orient islamique, une innovation aussi importante que la découverte contemporaine de la fritte pour la céramique.

Après les dévastations causées à l'économie et aux ressources du Khorassan par les invasions mongoles

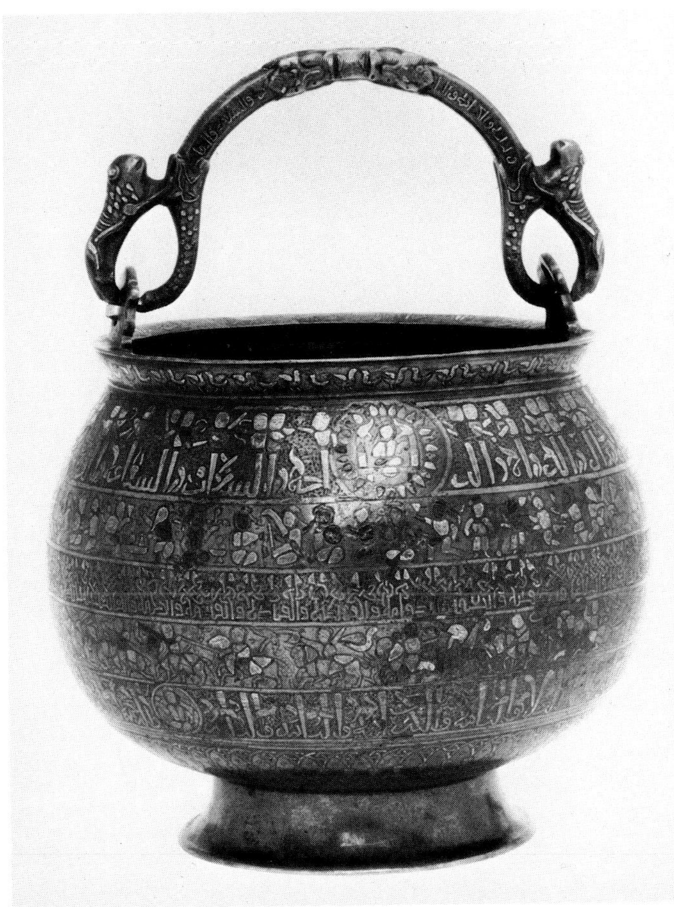

Seau en bronze incisé et incrusté d'argent et de cuivre. Afghanistan, Herat, 1163. Exécuté à la commande d'Abdolrahman Ebn 'Abdollah al-Rachidi comme présent à l'intention de Rachid al-Din 'Azizi Ebn Abo'l-Hoseyn al-Zenjâni ; moulé par Mohammad Ebn 'Abd al-Wahid et décoré par Hâjeb Mas'ud Ebn Ahmad. Leningrad, musée de l'Ermitage. Photo du musée.

dans la première moitié du XIIIe siècle, cette province cessa d'être un centre artistique majeur. Au XIVe siècle ce fut la province du Fârs, dans le sud-ouest de l'Iran, qui prit le relais et produisit des objets de métal incrusté en quantités impressionnantes. Les petits bassins du Fârs ont à cette époque une forme et un décor caractéristiques : leurs parois vont s'évasant du bord plat vers la base doucement arrondie et sont ornées de rondeaux contenant des représentations figurales en incrustation et reliés par des cartouches épigraphiques. Les fonds gravés sont souvent frottés de pâte bitumineuse noire qui se dépose dans les creux et fait mieux ressortir les dessins. Ce procédé continua à être utilisé dans le métal du XVe au XVIIe siècle, cependant que la technique de l'incrustation semble avoir graduellement disparu. Le décor gravé des objets tardifs consiste essentiellement en rinceaux et arabesques interrompus par des bandeaux d'inscriptions en *nastaliq*, une écriture cursive et élégante, contenant des quatrains de poésie per-

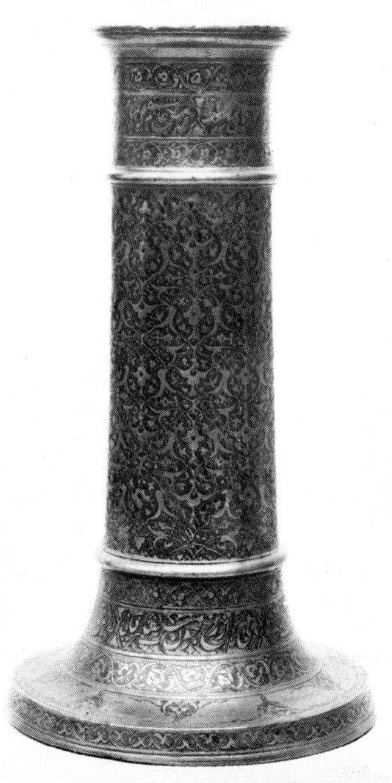

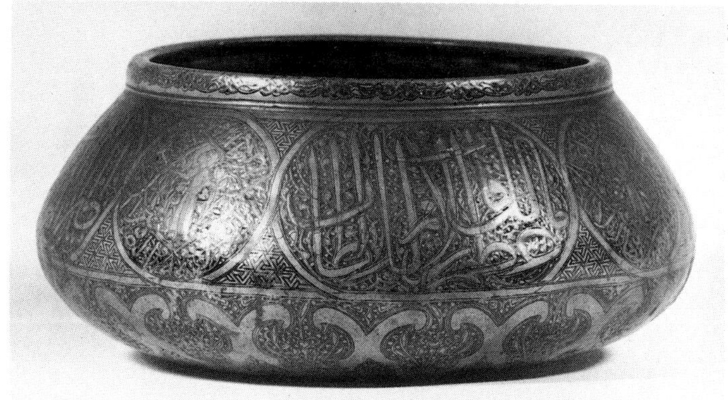

sane romantique et mystique. Un chandelier daté de 1588-1589 est un bon exemple de ce type de décor et sa forme « colonne » est caractéristique de nombreux chandeliers de la période safavide.

Les tissus et les tapis

Les textiles et les tapis d'Iran, d'Afghanistan, d'Asie centrale et de l'Inde sont probablement les objets d'art islamique les mieux connus en Occident. Les croisés européens et les marchands du Moyen Age rapportaient souvent de leurs expéditions des soies précieuses d'origine islamo-asiatique pour les offrir aux églises chrétiennes. Comme ce fut le cas pour le célèbre *Suaire de Saint-Josse* qui avait été fait pour un gouverneur turc d'Iran oriental mort en 961. Quelque temps plus tard, il fut transformé en suaire pour des reliques de l'abbaye de Saint-Josse-sur-Mer (Pas-de-Calais). Son donateur, le croisé Étienne de Blois, avait sans doute été attiré par le tissage admirable de cette étoffe faite de soies polychromes sur fond rouge et par sa composition de grande échelle figurant des éléphants et des dragons cantonnés au-dessus et en dessous par des bandeaux inscrits, l'ensemble étant encadré par une bordure de chameaux bactriens.

Les textiles et les tapis provenant du monde islamique continuèrent à être appréciés par l'Occident européen longtemps après les croisades et furent souvent représentés dans la peinture italienne, française et néerlandaise du XIVe au XVIIe siècle. C'est à cette même époque, plus particulièrement aux XVIe et XVIIe siècles, que l'industrie du tapis en Iran atteignit un sommet, tant d'un point de vue artistique que par la virtuosité de sa technique. Le principal artisan de ce développement fut le monarque safavide Châh Abbâs (1588-1629) qui fonda des fabriques royales de tapis à Kâchân, Kerman et Ispahan. Le tapis

Chandelier de bronze à décor incisé. Iran, 1588-1589. Paris, musée des Arts décoratifs. Photo du musée.

Bassin en cuivre à décor incisé incrusté d'or et d'argent. Iran, Fârs, 2e moitié du XIVe siècle. Paris, musée Jacquemart-André. Photo Bulloz.

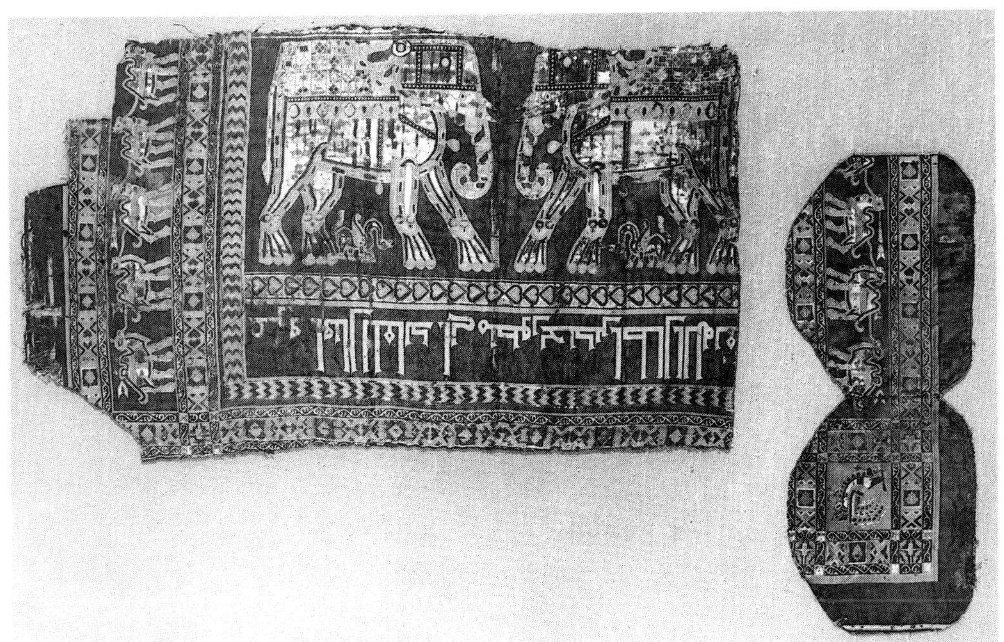

Étoffe de soie, dite Suaire de Saint-Josse, *inscrite au nom de Qâ'ed Abu Mansur Bakhtekin. Iran, Khorassan, milieu du Xe siècle. Paris, musée du Louvre. Photo Musées nationaux.*

classique de cette période était généralement fait de minuscules nœuds en fibres multicolores de laine et de soie. Les tapis « kilim », en tapisserie à relais, étaient parfois aussi tissés de fils de soie et de métal. Le kilim illustré ici date du début du XVIIe siècle. Son champ rectangulaire est orné d'un médaillon central et de quarts de médaillons dans les angles. Ces ornements sont des parterres de fleurs habités de créatures mythologiques. La bordure d'encadrement est constituée d'animaux compris dans des losanges. Le dessin du médaillon et les animaux réels ou mythiques si caractéristiques des tapis safavides, sont également courants dans l'enluminure et la reliure contemporaines.

Un autre décor en faveur en Iran, à cette époque, était le tapis-jardin qui reproduisait le plan de format allongé et les proportions du jardin traditionnel divisé en rectangles bordés de plates-bandes fleuries, entre lesquelles coulent des canaux ponctués de bassins octogonaux et de fontaines le long de l'axe principal. Les arbres, les fleurs et les poissons représentés sur ces tapis-jardins sont généralement assez raides et stylisés, en accord sans doute avec le formalisme du dessin d'ensemble.

Les tapis safavides eurent un impact important sur ceux de l'Inde mogole. Toutefois, le dessin des tapis mogols tend à être beaucoup moins symétrique et répétitif que celui de leurs prototypes iraniens. Le

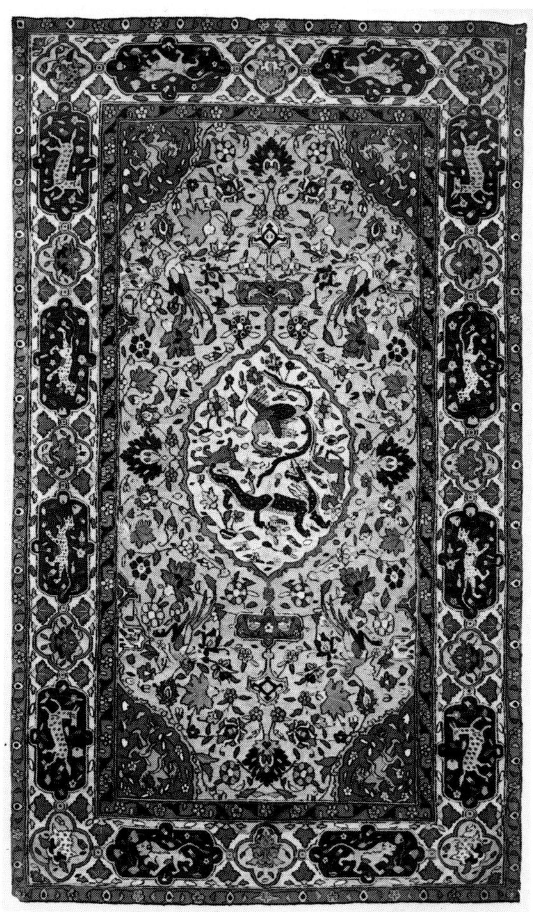

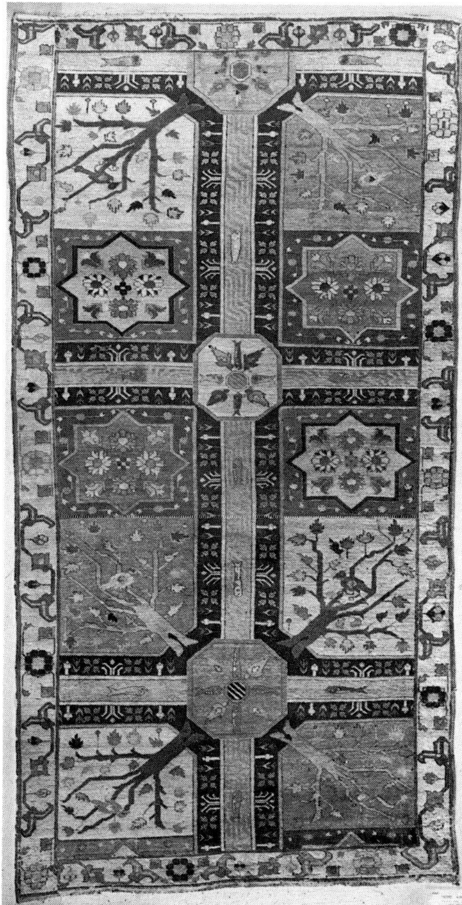

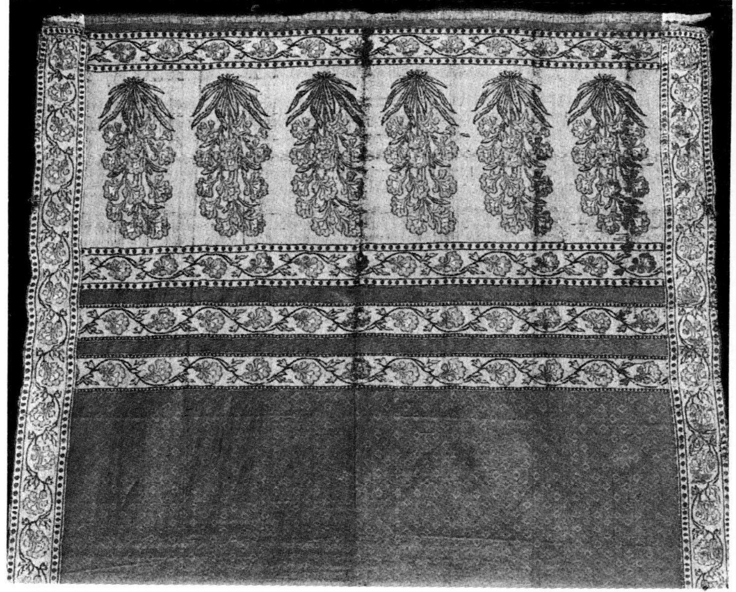

Tapis Kilim, soie et or. Iran, Kâchân (?), 1600-1625. Washington, Textile Museum. Photo du musée.

Tapis-jardin. Iran, Kermân (?), fin XVIIe-début du XVIIIe siècle. Paris, musée des Arts décoratifs. Photo du musée.

Ceinture de soie à bordure florale. Inde, XVIIe siècle. Londres, Victoria and Albert Museum. Photo du musée.

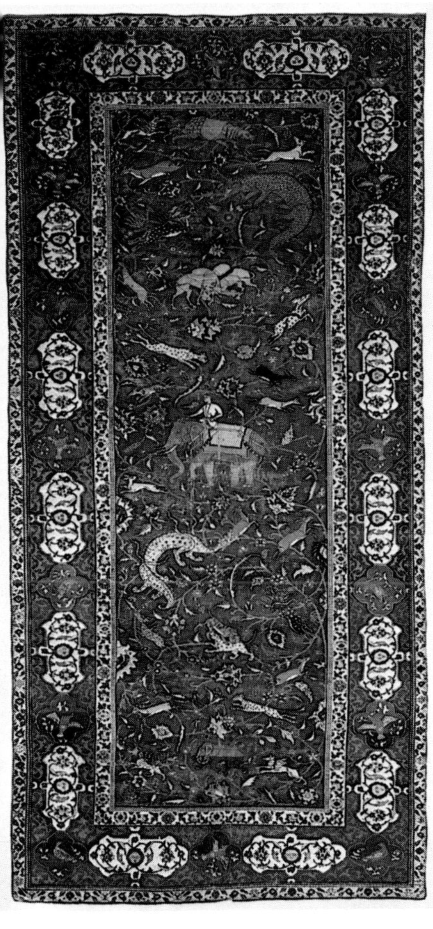

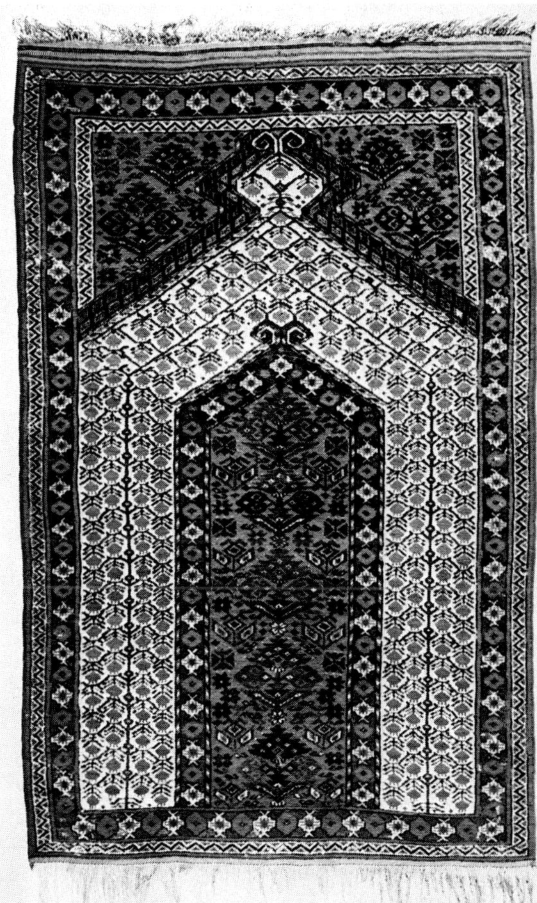

Tapis aux animaux. Inde, v. 1625. Washington, National Gallery of Art. Photo du musée.

Tapis de prière (Turkmène). Iran du Nord ou Asie centrale, XIXe siècle. Washington, Textile Museum. Photo du musée.

champ principal, de forme rectangulaire, est traité comme un seul plan pictural portant une composition d'ensemble. Les animaux et les figures sont de grandes dimensions, distribués également sur l'ensemble du champ et non confinés dans le feuillage des médaillons. De telles œuvres sont vibrantes d'énergie par la richesse de leurs coloris et l'imagination foisonnante et dynamique de leur ménagerie et des créatures fantastiques qui les peuplent. Les dessins sur les ceintures de soie mogoles sont plus retenus mais également élégants avec des bordures d'arbustes fleuris et de plantes aux tiges souplement ondulantes.

La qualité de ces créations safavides et mogoles semble démentir leur fonction comme tapis de sol ou comme simple élément vestimentaire. La nature essentiellement utilitaire de ces textiles et tapis de l'Orient islamique est plus facilement reconnaissable quand le décor indique l'usage auquel ils sont destinés. De nombreux tapis étaient employés pour la prière et ont des représentations stylisées de *mihrâbs* pour motif principal. Ces décors sont représentés sur les tapis turkmènes rouges des tribus nomades d'Asie centrale. Bien que seuls des exemples relativement tardifs de ces tapis turkmènes aient subsisté, il est possible que la technique du tapis noué provienne, à l'origine, des tribus nomades. Quoique leurs antécédents historiques demeurent incertains, les tapis d'Iran, d'Inde, d'Asie centrale et d'Afghanistan nous fournissent à la fois l'ultime raffinement et l'élément de base de l'art de l'objet puisqu'ils définissent et délimitent l'espace dans lequel se déroulent toutes les activités qui rythment la vie quotidienne.

L'ART DU LIVRE

Tout comme l'art de l'objet qui se manifeste dans des genres et des matériaux divers (céramique, métal, tapis, etc.), l'art du livre en Islam est constitué de plusieurs volets indépendants mais complémentaires : la calligraphie, l'enluminure, l'illustration et la reliure. Ces arts naquirent, à l'origine, du désir de faire de belles copies du Coran.

La calligraphie et l'enluminure

Dans un premier temps, l'écriture employée dans tout le monde islamique pour ces Corans fut un coufique angulaire semblable à celui des inscriptions sur les céramiques sâmânides. Puis, au xe siècle, une variante aux traits courts obliques et aux lettres ascendantes se terminant en crochet apparut dans les régions orientales du monde musulman.

L'art de l'enluminure se développa plus lentement que celui de la calligraphie; mais même dans les plus anciens Corans parvenus jusqu'à nous, les divisions entre versets sont marquées par des rosettes et les têtes de chapitres sont signalées par un encadrement rectangulaire. Tous ces ajouts décoratifs en or qui agrémentent la page en la rendant plus lumineuse (d'où le terme « enluminure ») soulignent en même temps le caractère sacré du texte coranique par la matière précieuse du pigment. Parmi les motifs d'enluminure qui ornent les marges des anciens Corans orientaux figurent des palmettes stylisées, formes ailées héritées sans aucun doute de l'art iranien préislamique de l'ère sassanide et qui passèrent dans le répertoire islamique.

Avant la fin du XIIIe siècle, une grande variété de formules avaient été trouvées pour la transcription et l'enluminure du Coran. Le copiste recourait souvent à plusieurs sortes d'écritures dans un même volume, comme c'est le cas pour un Coran, exécuté en Inde du Nord en 1399. Son scribe, Mahmud Cha'ban, copia le texte arabe dans une écriture majestueuse appelée *bihari*; il inscrivit la traduction interlinéaire persane d'une main plus cursive et les têtes de chapitres en grand coufique hardi, utilisant une couleur différente pour chaque écriture. Ces effets de couleur sont encore rehaussés sur 34 doubles pages par les couleurs vives de la végétation luxuriante et fleurie qui s'insinue entre les lignes du texte et emplit les marges.

Les frontispices et postfaces des Corans et des autres livres sont souvent entièrement recouverts d'enluminures complexes. Pour n'en citer qu'un exemple, le frontispice du traité théologique fait en Iran occidental en 1309-1310 a un décor tapissant et géométrique ponctué de nœuds, se répétant à l'infini. L'encadrement est composé d'un élégant entrelacs floral. Comme beaucoup de ces frontispices enluminés, les couleurs dominantes sont le bleu et l'or, avec des rehauts de rouge, de vert, de blanc et de noir. Le cartouche circulaire dans la marge de droite donne les noms du calligraphe et de l'enlumineur témoignant de l'étroite collaboration des deux artistes dans la production de ce somptueux manuscrit.

L'illustration

Toutefois, quelles que soient leurs performances en matière de calligraphie et d'enluminure, c'est dans le domaine de l'illustration et de la miniature que les artistes musulmans d'Asie firent la contribution la plus essentielle à l'art du livre en Islam, grâce au mécénat d'éminents connaisseurs royaux. Bien que les arts graphiques aient sans doute été pratiqués aux XIIe et XIIIe siècles en Iran et dans d'autres régions orientales comme ils le furent, à la même époque,

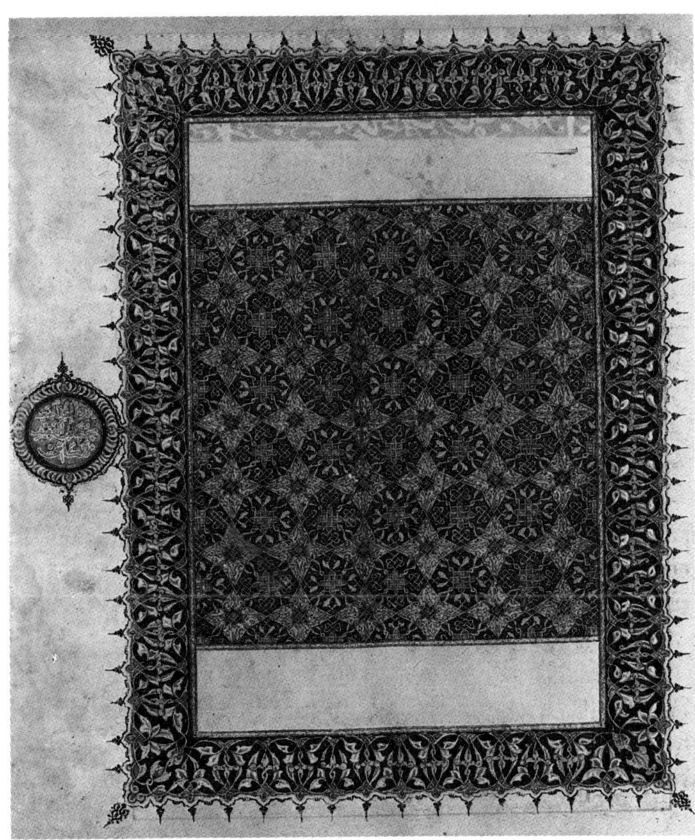

Textes théologiques de Rachid al-Din. Iran, Tabriz, 1309-1310. Copié par Mohammad ibn Mahmud ibn Mohammad al-Amin al-Baghdâdi. Frontispice enluminé signé par le calligraphe et par Mohammed ibn 'Afif al-Kâchi. Paris, Bibliothèque nationale. Photo B.N.

dans les écoles de peinture arabe en Syrie et en Irak, il n'en subsiste aujourd'hui que des exemples fragmentaires et isolés de sorte que l'histoire de l'illustration des manuscrits et de la miniature dans l'Orient musulman a son point de départ au XIIIe siècle, sous la dynastie il-khânide (1256-1353). Plusieurs cités de l'empire mongol, notamment Bagdad, Marâghé et Chiraz, semblent avoir joué un rôle important dans son développement, mais c'est Tabriz, la capitale (et ses environs), qui fut le centre le plus actif dans ce domaine. Un des premiers manuscrits il-khânides illustrés est un traité sur les animaux, le *Manâfi al-Hayawân*, fait à Marâghé entre 1294 et 1299. Ses illustrations de styles différents indiquent que des peintres aux origines et traditions artistiques diverses étaient réunis là, à la fin du siècle. Quelques-unes de ses miniatures — parmi lesquelles on peut citer celle représentant deux éléphants — suivent la vieille tradition de peinture arabe avec une composition plane, des arbres schématiques, une petite bande hachurée pour représenter l'herbe, et l'observation

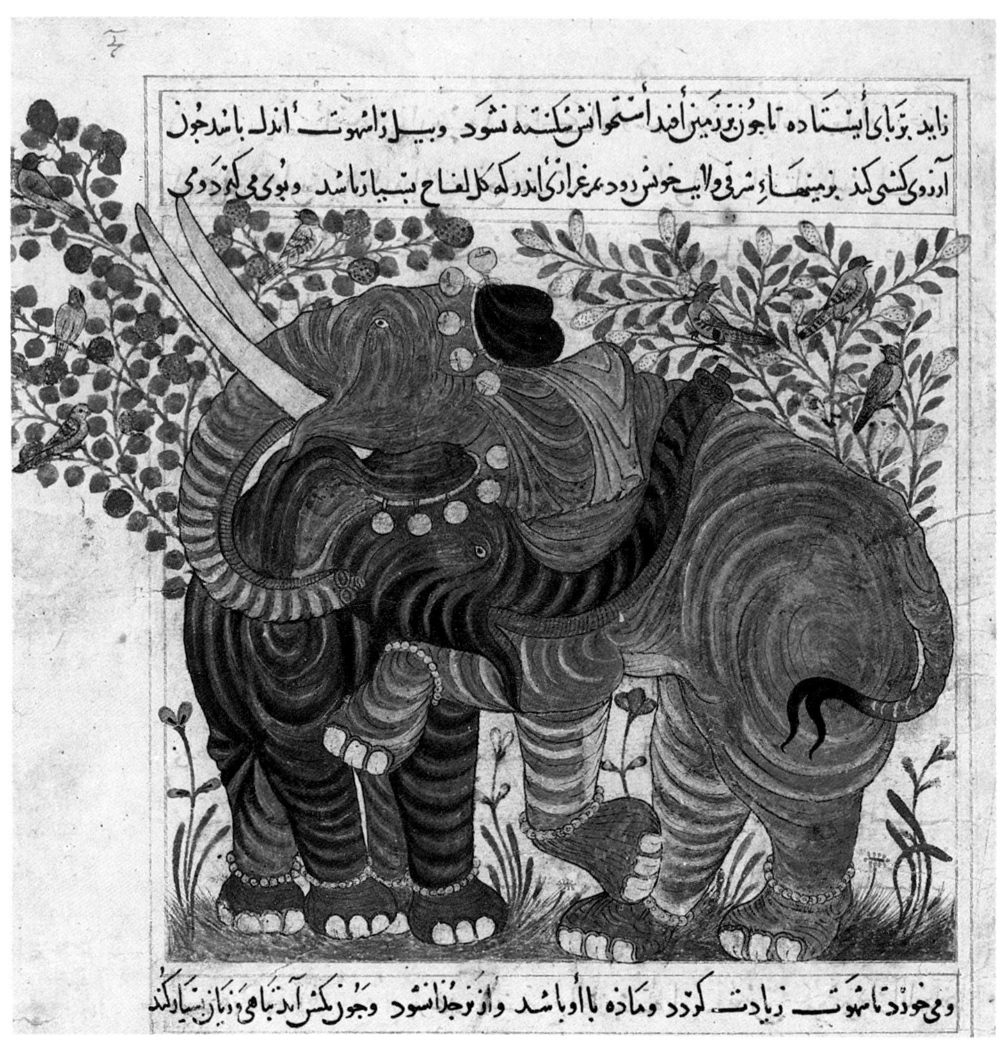

Manâfi al-Hayawan
d'Ibn Bakhtichu.
Iran, Marâghé,
v. 1294-1299.
Deux éléphants.
New York, Pierpont
Morgan Library.
Photo
de la Bibliothèque.

pleine de verve dans la peinture des animaux. Un autre groupe révèle l'influence de l'Extrême-Orient dans le sentiment d'espace émanant de leurs paysages, le traitement calligraphique des plantes et des arbres et la manière de placer personnages et animaux en bordure de composition, coupés par le cadre, afin de créer l'illusion d'une action qui se continuerait à l'extérieur de l'image.

Un des manuscrits il-khânides les plus célèbres, attribué à un atelier de Tabriz vers 1330-1340, est une copie du *Châhnâmé* (« Livre des Rois »), l'épopée nationale d'Iran. Ce codex magnifique qui contenait à l'origine environ 120 illustrations a malheureusement été démonté et dispersé et l'on ne dénombre

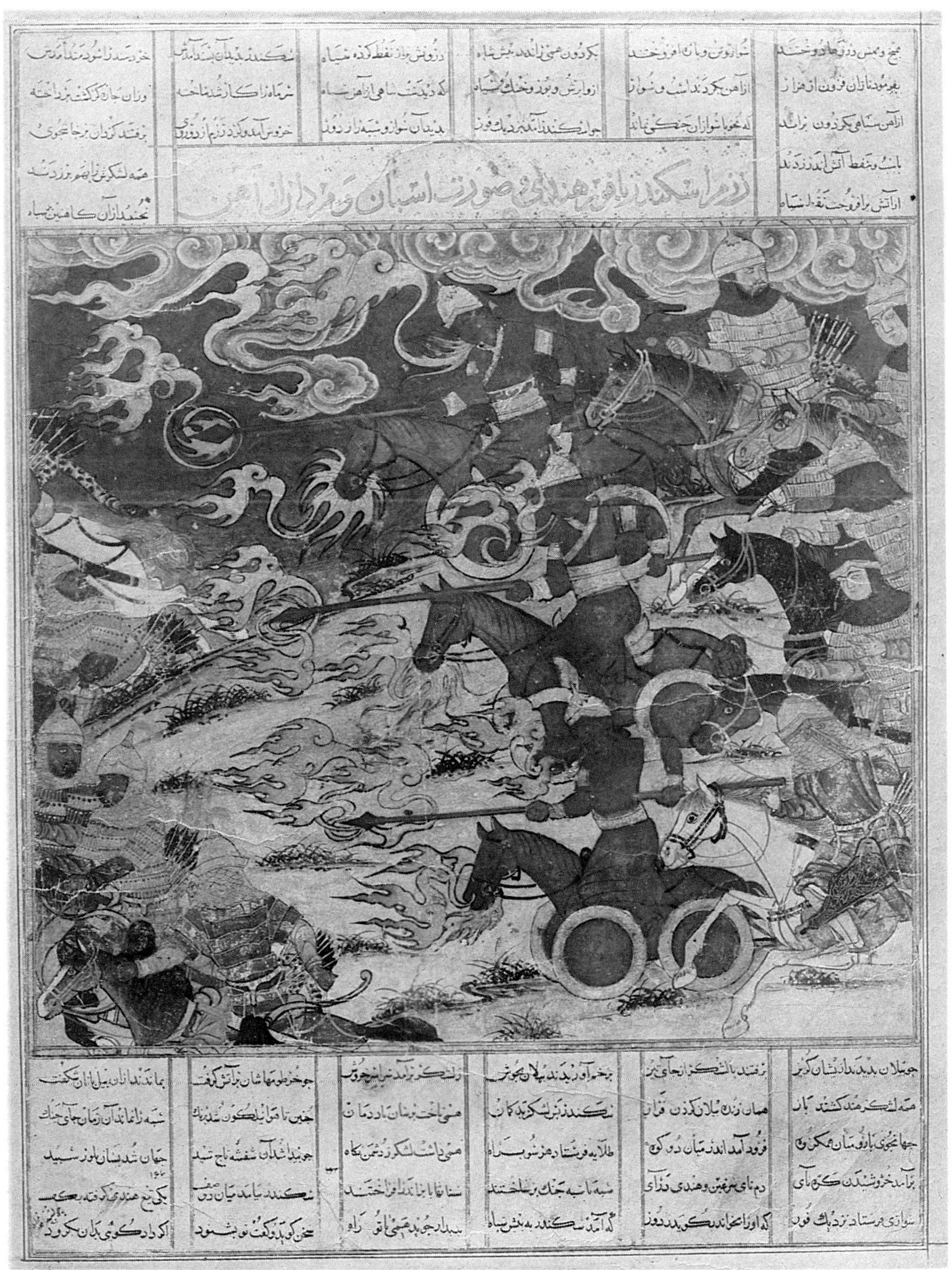

Châhnâmé *de Ferdowsi (dit* Châhnâmé Demotte*). Iran, Tabriz, v. 1330-1340.*
Eskandar et sa cavalerie de fer.
Cambridge (Mass.), Fogg Art Museum. Photo du musée.

aujourd'hui que 58 de ses miniatures éparpillées entre diverses collections dans le monde. Le terme « peintures » conviendrait mieux à ces compositions complexes qui comportent une immense variété de types physiques et psychologiques dans la représentation des personnages et une interprétation poussée des thèmes épiques. Une de ces miniatures illustre la bataille du héros Eskandar (Alexandre le Grand) contre le roi indien, appelé le *Fur* de Hind. La pente raide de la colline convient parfaitement à cette composition et à la descente inexorable de l'extraordinaire cavalerie de fer imaginée par Alexandre pour vaincre son adversaire. La formation rigide et la raideur de ces troupes mécaniques accentuent la vigueur et la variété de la cavalerie faite d'êtres vivants galopant en rangs irréguliers et dont on ne voit que l'avant. Ce procédé, qui est également utilisé dans le *Manâfi al-Hayawân* de 1294-1299, augmente ici l'effet de fougue de l'armée se ruant au combat. Les flammes dorées qui jaillissent des chevaux de fer et de leurs cavaliers font écho aux nuages blancs dans le ciel et soulignent brillamment l'intensité de ce moment dramatique. Ce chef-d'œuvre, comme beaucoup d'autres miniatures du même *Châhnâmé*, abonde en trouvailles picturales et démontre bien l'imagination, le souffle et la diversité de la grande tradition il-khânide dans l'art du livre.

A la fin du XIVe siècle, les compositions monumentales et dramatiques qui caractérisent le grand *Châhnâmé* mongol avaient été supplantées par des illustrations plus sereines et romantiques, telles celles du *Divân* de Khwâju Kermâni peintes par Joneyd à Bagdad en 1398. Ce changement de sensibilité dans l'esthétique picturale, qui s'accompagne d'un engouement croissant pour la poésie idyllique et lyrique, eut lieu à l'époque des Jalâyérides (1336-1432), l'un des états mongols dominants qui succéda aux Il-Khânides. De nombreuses nouveautés apparurent à cette époque, comme nous le montre la très belle miniature de Homây à la porte du château de Homâyun. Les personnages sont minces, idéalisés et considérablement plus petits que leurs prédécesseurs héroïques de la période il-khânide. Des jardins de rêve à la végétation foisonnante complètent une architecture dont tous les détails sont représentés avec minutie et qui sert de toile de fond au déroule-

Divân
de Khwaju Kirmani.
Iraq, Bagdad, 1396.
Copié par Mir
Ali Tabrizi.
Homây
à la porte du château
d'Homâyun.
Londres.
British Library.
Photo de la Bibliothèque.

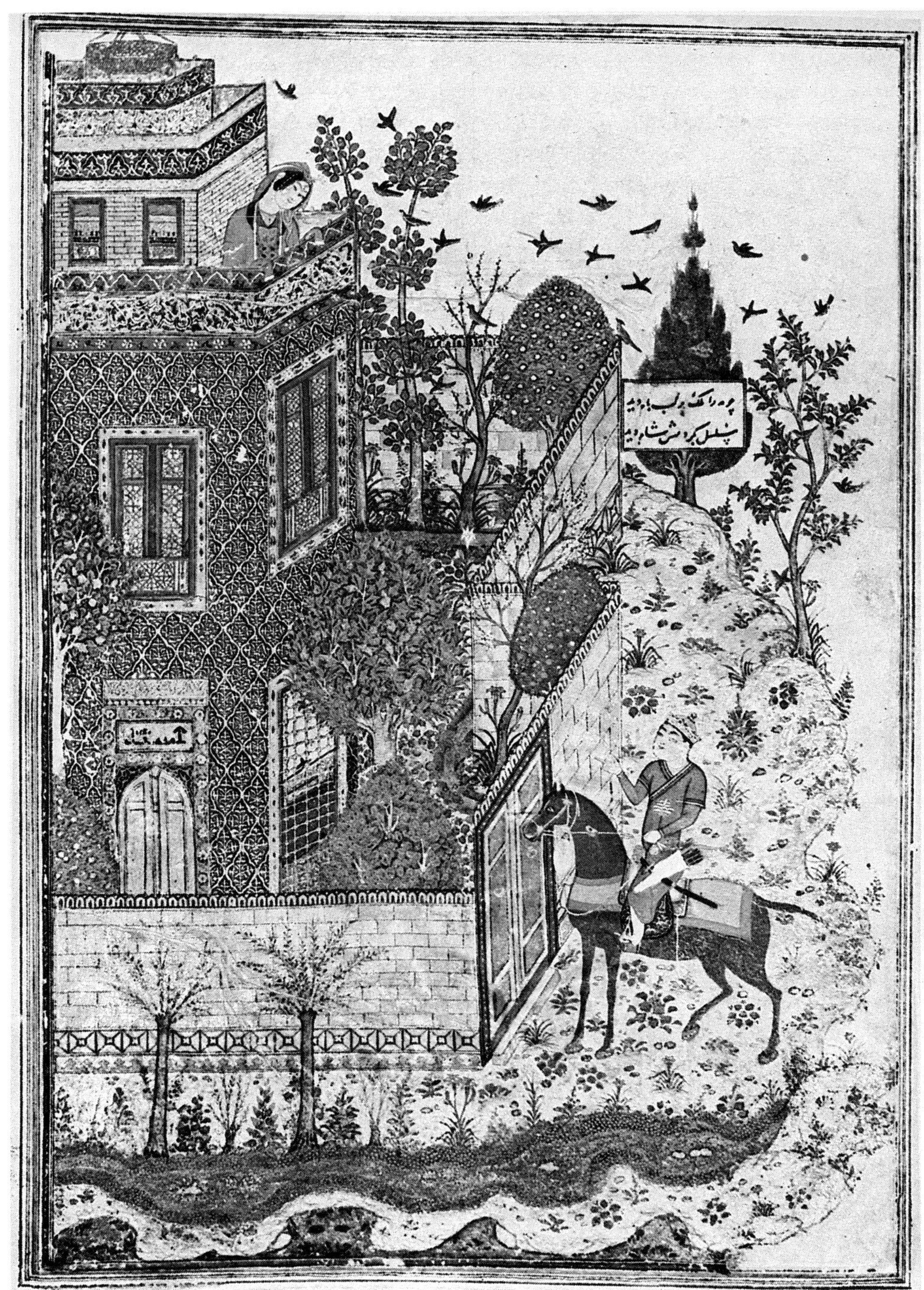

ment de l'action. Les compositions s'étendent à la page tout entière, afin d'incorporer tous ces nouveaux éléments, et les lignes de texte sont placées à l'intérieur du cadre de l'illustration. D'autres caractéristiques techniques de la peinture jalâyéride sont l'utilisation de couleurs vives et pures, un maniement subtil du pinceau et le trait délicat du dessin. Ces illustrations ne tentent pas de représenter le monde réel; ce sont des représentations symboliques dans lesquelles les paysages, les monuments d'architecture et les personnages sont conçus et disposés dans le seul souci de la grâce picturale et du dessin harmonieux.

Les innovations artistiques de la période jalâyéride furent à l'origine de la tradition classique des manuscrits illustrés en Iran. Cette tradition fut également encouragée par la dynastie suivante, celle des Timurides (1370-1506). Le premier grand connaisseur de cette dynastie fut Eskandar Soltân († 1415). Il avait appelé à sa cour de Chiraz plusieurs peintres précédemment employés par les Jalâyérides. Les manuscrits exécutés pour Eskandar Soltân, notamment son *Anthologie* de 1410, par exemple, contiennent des miniatures d'un aspect encore plus riche et plus brillamment exécutées que celles de l'époque jalâyéride, avec une grande profusion d'or dans les détails architecturaux, les paysages et les textiles représentés. Les rochers aux couleurs douces et à l'apparence spongieuse qui se dressent derrière les sirènes au bain, et les deux voyeurs qui s'y dissimulent pour les observer subrepticement reviennent souvent dans les ravissantes peintures faites pour ce mécène éclairé.

Mais le mécénat le plus dynamique, en cette première moitié du xve siècle, pour l'art du livre, fut sans conteste celui du prince Bâysonghor Mirzâ, le cousin d'Eskandar Soltân. Ce bibliophile passionné fonda à Herat une bibliothèque avec son atelier de peinture et en confia la direction au célèbre calligraphe Ja'far. Cet atelier réunit des peintres exceptionnels parmi lesquels certains avaient déjà pratiqué le style classique des Jalâyérides et avaient aussi travaillé à la cour d'Eskandar Soltân. Dans les années de 1420 à 1440, sous le patronage de Bâysonghor, l'illustration des manuscrits atteignit un sommet de perfection technique et esthétique qui fut rarement égalé par la suite. C'est à cette époque que le monde fantastique de la miniature iranienne reçut son expression le plus raffinée.

Comparées aux œuvres précieuses de l'atelier de Bâysonghor, celles commanditées par son père, le

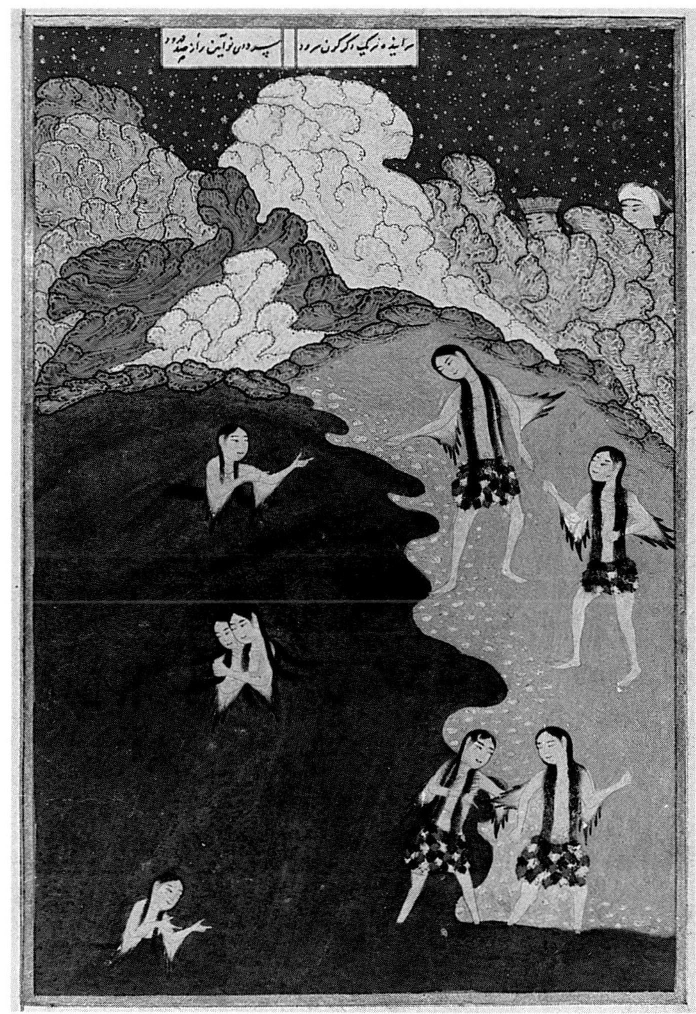

Anthologie
d'Eskandar Soltân.
Iran, Chiraz,
1410-1411.
Copié par Mahmud
al-Hoseyni
et Hassan al-Hâfez
pour Eskandar Soltân.
Eskandar observe
en cachette
les ébats des sirènes
sur le lac.
Lisbonne, Fondation
Calouste Gulbenkian.
Photo de la Fondation.

souverain timuride Châhrokh qui régna de 1405 à 1447, sont beaucoup plus simples de conception et d'une exécution plus large. La préférence de Châhrokh allait aux textes historiques plutôt que romantiques. Les illustrations du *Mé'râjnâmé* de 1436 racontant la fabuleuse ascension du prophète Mohammed transporté en une nuit dans les sept cieux révèlent son goût en matière de peinture. Malgré une certaine répétition des compositions et la similitude entre les principaux personnages, ces illustrations font preuve d'une admirable vigueur et d'une hardiesse remarquable qui sont mises en valeur par la profusion des ors : les nuages, les étoiles, les couronnes des anges et les nimbes des prophètes rutilent contre le bleu profond des cieux.

Pages 50-51 :
Châhnâmé *de Ferdowsi.*
Afghanistan, Herat,
1430. Copié par
Ja'far Bâyasonghori
et dédié au prince
Bâysonghor,
Key Kâvus
et le ménestrel.
Téhéran, Bibliothèque
du Golestân.
Photo B.N.

Mérâj-nâmé
de Mir Heydar.
Afghanistan, Herat,
1436. Copié
par Mâlek Bakhchi,
Le Prophète
Mohammed,
monté sur Borâq
et conduit par
l'archange Gabriel,
arrive devant
l'ange aux soixante-dix
têtes, puis devant
les prophètes Yahya
et Zacharie.
Paris, Bibliothèque
nationale. Photo B.N.

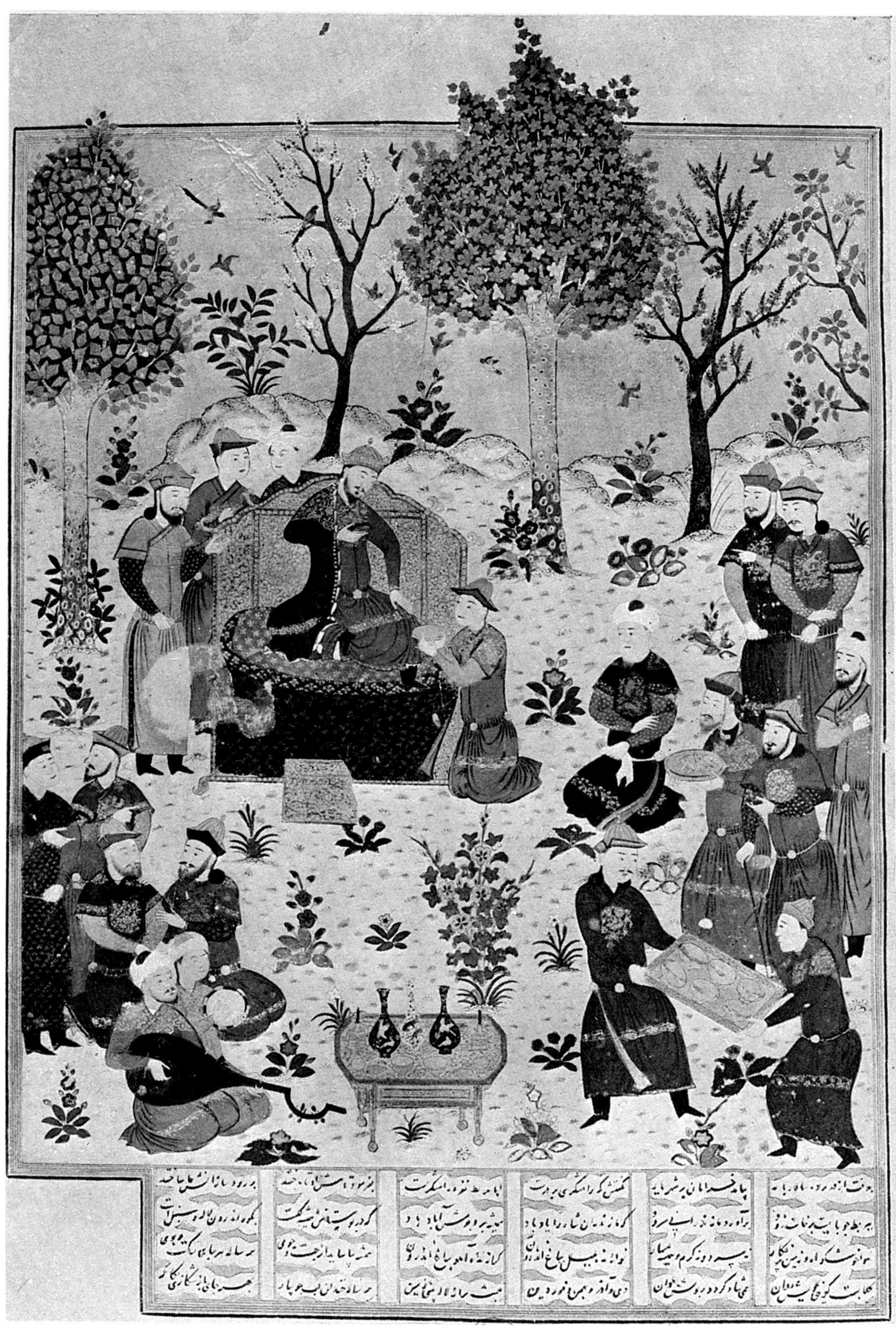

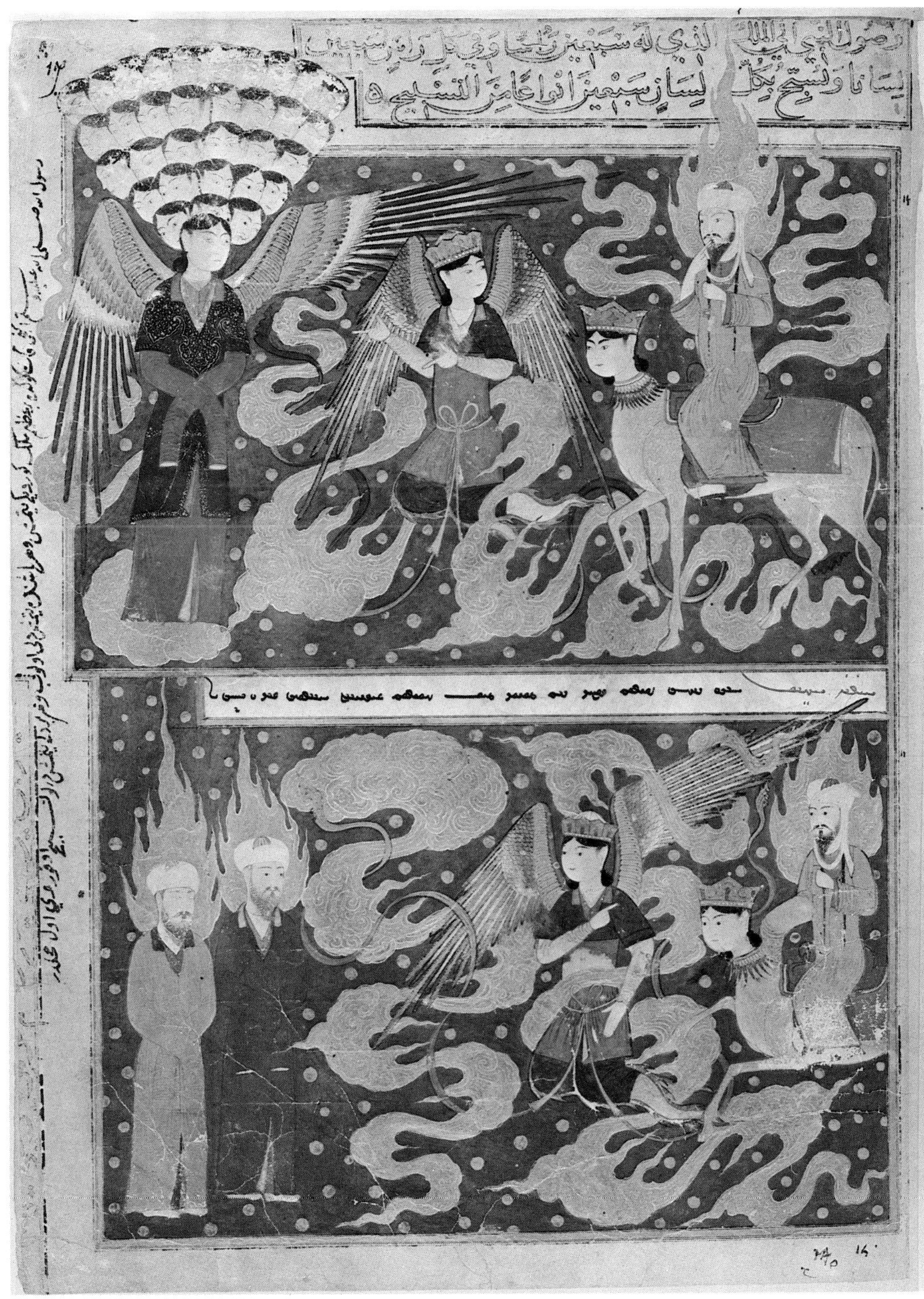

Il peut sembler étrange que Herat ait pu abriter deux styles de peinture aussi divergents, mais c'est un fait caractéristique de l'histoire de la peinture dans ces régions, au XVe siècle. La diversité artistique de cette période est due aussi, dans une large mesure, au mécénat passionné d'autres dynasties, comme celles des Turkmènes Qara Qoyunlu et Aq Qoyunlu, qui occupèrent une bonne partie de l'empire timuride, Herat compris, dans les décennies de 1460 et 1470. Sous les Turkmènes apparut un nouveau style aux couleurs intenses, aux silhouettes trapues et aux paysages tantôt remplis d'une végétation luxuriante, tantôt réduits à des plantes stylisées sur un fond pâle. L'existence de très nombreuses miniatures ayant ces mêmes caractéristiques laisse supposer que les

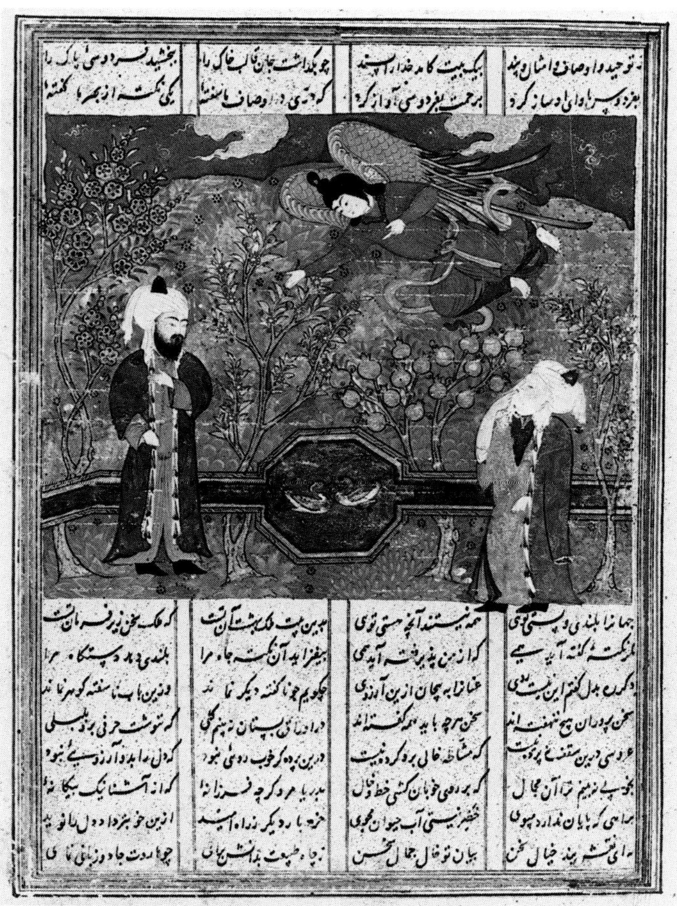

Khâvarân-nâmé *de Mowlana Mohammed ebn Husam. Iran, Chiraz (?), v. 1470-1477 (période turkmène),* Gabriel annonce l'apothéose d'Ali. *Photo Fogg Art Museum, Cambridge (Mass.). Photo du musée.*

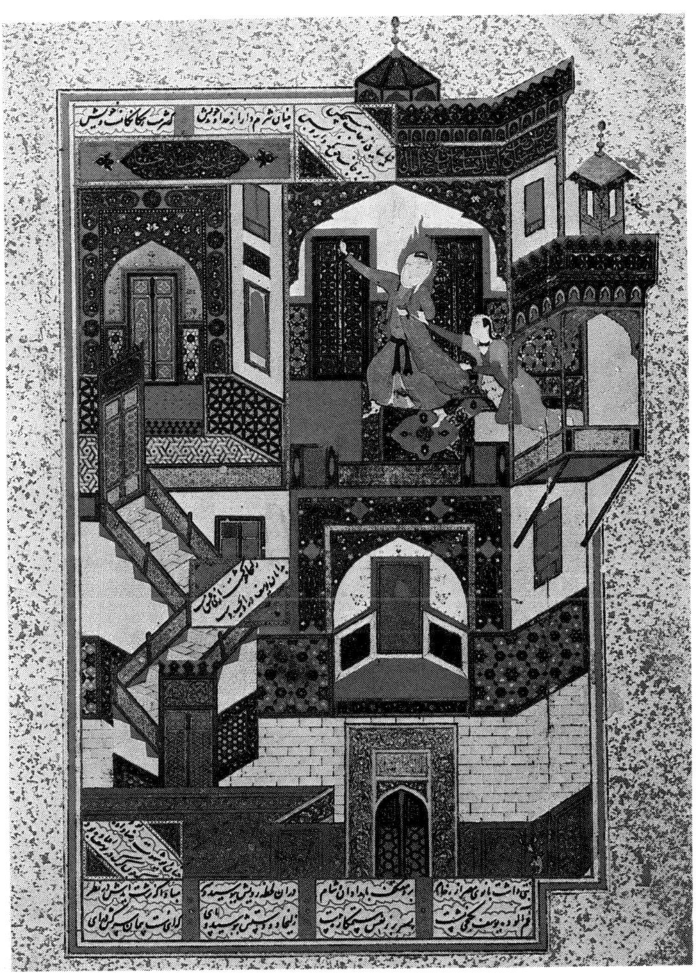

Bustân *de Sa'di. Afghanistan, Herat, 1488. Copié par Soltân 'Ali al-Kâteb pour Soltân Hoseyn Mirzâ,* Yusof (Joseph) fuyant Zoleykhâ. *Signé par Behzâd. Le Caire, Bibliothèque nationale d'Égypte. Photo B.N.*

manuscrits turkmènes auraient été produits en grandes quantités pour satisfaire la demande d'une clientèle plus étendue et non uniquement à l'intention d'un seul commanditaire. Ce style qui reçut l'appellation de « turkmène commercial » est bien illustré par une série de peintures du *Khâvarânnâmé*, certaines datées de 1477 et signées par Farhâd, un artiste dont on ne sait rien par ailleurs.

En 1469, Herat était reprise aux Turkmènes et redevenait la capitale timuride sous Soltân Hoseyn Bâyqârâ, le dernier grand souverain et mécène de la lignée de Tamerlan. Durant son règne (1469-1506), la cour timuride commandita les poètes, les historiens et les artistes les plus talentueux du temps, et parmi ceux-ci le célèbre Kamal al-Din Behzâd. L'œuvre de ce miniaturiste de renom n'a pas encore été entièrement identifiée avec précision, mais cinq illustrations d'un *Bustân* fait pour Hoseyn Bâyqârâ en 1488 sont sûrement de sa main. Ce maître innova en réalisant des compositions harmonieusement équilibrées dont les personnages et les décors sont rendus avec réalisme. Cette qualité particulière de l'œuvre de Behzâd est particulièrement sensible dans l'étonnante miniature illustrant la fuite de Yusof (Joseph) devant Zoleykha (la femme de Putiphar), le moment le plus intensément dramatique de cette légendaire histoire d'amour.

Behzâd semble avoir atteint l'apogée de sa carrière dix ans avant la chute de son mécène, Soltân Hoseyn Bâyqârâ, et la fin de la dynastie timuride en 1506. Cependant, son prestige était toujours aussi grand seize ans plus tard quand, en 1522, le premier monarque safavide, Châh Esmâ'il, fit de Tabriz sa capitale et nomma Behzâd à la tête de la bibliothèque royale qu'il y fonda. Sa nomination coïncidait avec l'arrivée à Tabriz du futur Châh Tahmâsp (1514-1576). Ce prince safavide avait passé son enfance à Herat où il avait subi l'influence du style lyrique et poétique de la peinture timuride traditionnelle, au contraire de son père, Châh Esmâ'il, qui préférait la peinture plus expressive et débridée du style turkmène et avait fondé à Tabriz un atelier florissant dans lequel travaillaient plusieurs artistes turkmènes. Tahmâsp en hérita, en même temps que du trône, à la mort de son père en 1524. Bien que les styles turkmène et timuride aient déjà commencé à se fondre ensemble au temps de Châh Esmâ'il, ce fut pendant la première moitié du règne de Châh Tahmâsp que la synthèse de ces deux tendances porta ses fruits. Un chef-d'œuvre qui en marqua l'apogée est la somptueuse copie du *Khamsé* de Nezâmi qui fut illustré pour Tahmâsp entre 1539 et 1543. Un chroniqueur de la cour de Châh Tahmâsp au comble de l'admiration pour cet ouvrage et une autre commande du Châh, en faisant l'éloge, écrivit que « leur beauté est si grande que la plume ne saurait en décrire toutes les qualités ».

Le même compliment pourrait s'appliquer au manuscrit du *Haft Owrang* (« Sept Trônes ») créé entre 1556 et 1563 pour Ebrâhim Mirzâ, le gendre de Tahmâsp, qui était gouverneur de Mechhed dans le nord-est de l'Iran. Bien qu'une forte proportion de ses 28 superbes miniatures soient de la main d'artistes

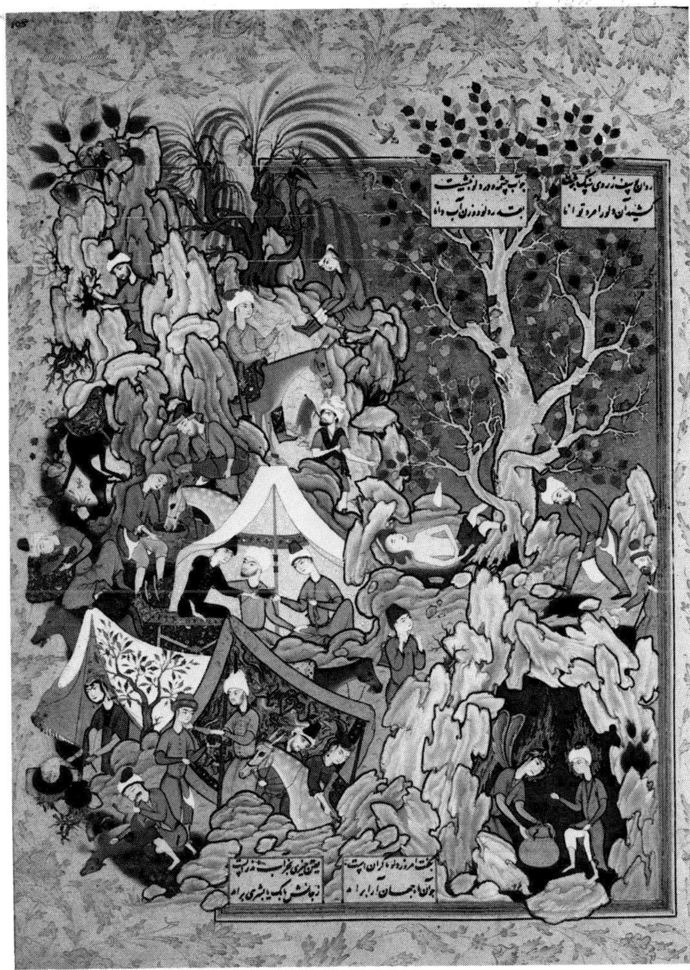

Haft Owrang *de Jâmi. Iran, Mechhed, Qazvin et Herat, 1556-1565. Copié par Malek al-Daïlami, Mohebb 'Ali, Châh Mahmud al-Nichâpuri, 'Eichi ebn 'Echirati et Rostam 'Ali pour Soltân Ebrâhim Mirzâ,* Gabriel délivre Yusof (Joseph) du puits. *Washington, Freer Gallery of Art. Photo du musée.*

qui travaillèrent pour Tahmâsp entre 1520 et 1550, leur style semble, à cette époque, avoir imperceptiblement glissé vers des compositions plus denses dans des paysages à la végétation surabondante et omniprésente, aux arbres envahissants, débordant du cadre et grouillant d'oiseaux, avec des personnages étranges — certains même tout à fait bizarres — et une foule de détails réalistes, amusants et parfois salaces. La virtuosité technique de ces réalisations ne devait plus jamais être égalée au XVIe siècle et le *Haft Owrang* de Soltân Ebrâhim Mirzâ a pu fort justement être appelé le dernier véritable chef-d'œuvre de la peinture safavide.

La peinture d'album

A côté de l'illustration de manuscrits, les artistes iraniens de cette période produisirent aussi une quantité considérable de miniatures et de dessins isolés.

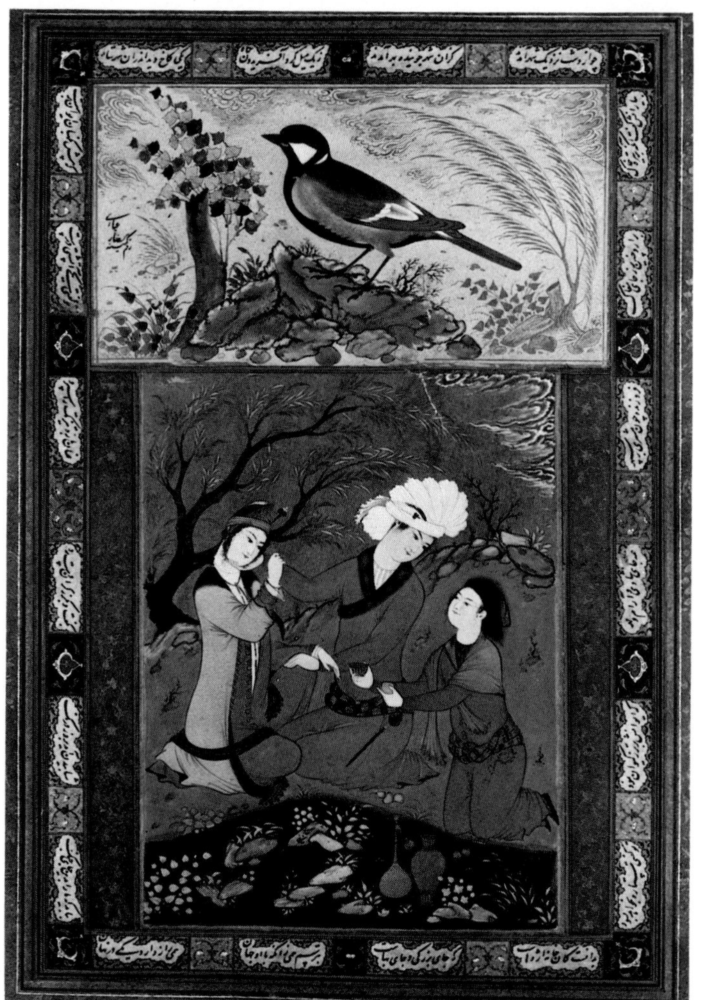

Page d'album. Iran, Ispahan, v. 1610. Amoureux dans un paysage et oiseau perché sur une branche. *Signé par Rezâ. Seattle, Art Museum. Photo du musée.*

Ceux-ci étaient généralement rassemblés et montés sur de grands feuillets, nantis de bordures élaborées et de calligraphies élégantes, puis reliés dans des albums. Ce type de peinture d'album semble avoir été particulièrement en faveur sous le règne du dernier des souverains safavides puissants, Châh Abbâs (1587-1629). Le maître du genre fut le peintre de cour Rezâ, appelé aussi Aqâ Rezâ et Rezâ-yé' Abbâsi. Ses études comprennent des adolescents rêveurs, des dandies pleins d'afféterie, des beautés indolentes aux yeux langoureux et des gens du peuple, mais aussi des oiseaux et d'autres animaux. Les peintures et esquisses à l'encre de Rezâ sont aussi des satires de la société dans laquelle il vivait, comme le montre ce dessin fait vers 1610, où le beau jeune

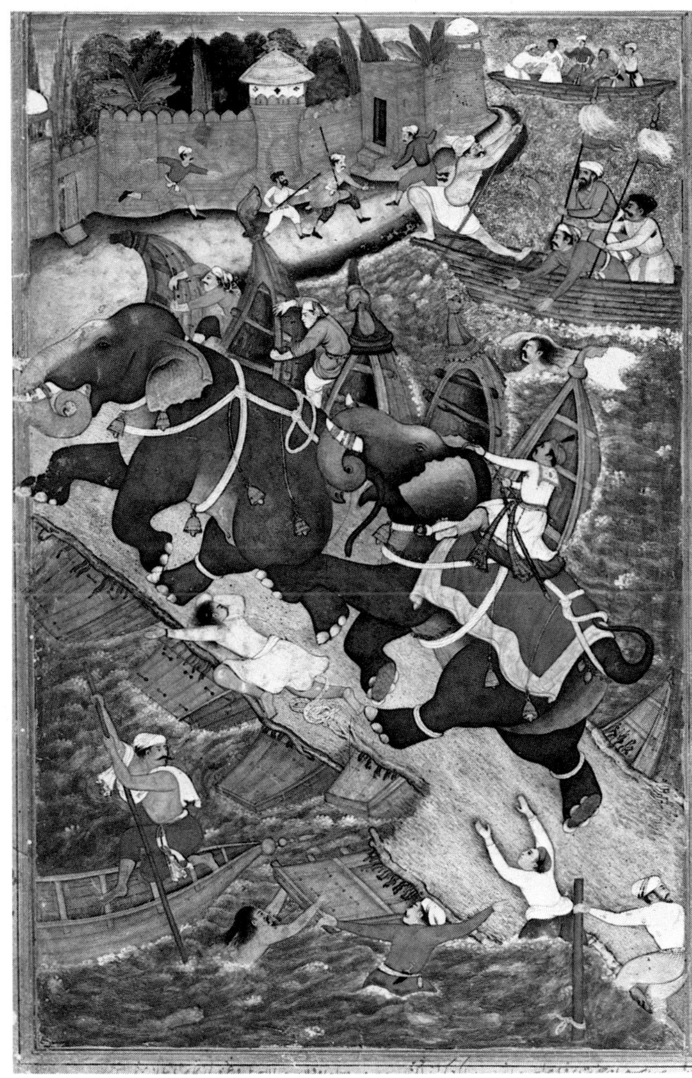

Akbarnâmé
Inde, v. 1590.
Akbar sur l'éléphant Hawa'i. *Composition par Basawan, peinture par Chitra. Londres, Victoria and Albert Museum. Photo du musée.*

homme caresse sa compagne tout en regardant le jeune serviteur qui se tient auprès d'eux.

La peinture mogole

La période initiale de l'art du livre en Inde mogole est inextricablement liée à l'Iran safavide. En 1544, le deuxième empereur mogol, Homâyun, se rendit à la cour de Châh Tahmâsp à Tabriz et y admira les œuvres des meilleurs artistes de sa cour. Quelques années plus tard il engagea deux artistes safavides, Mir Sayyed 'Ali et 'Abd al-Samad, pour diriger l'atelier royal mogol et enseigner les conventions de la peinture classique de l'Iran aux artistes hindous et musulmans. Mis à part quelques détails du costume

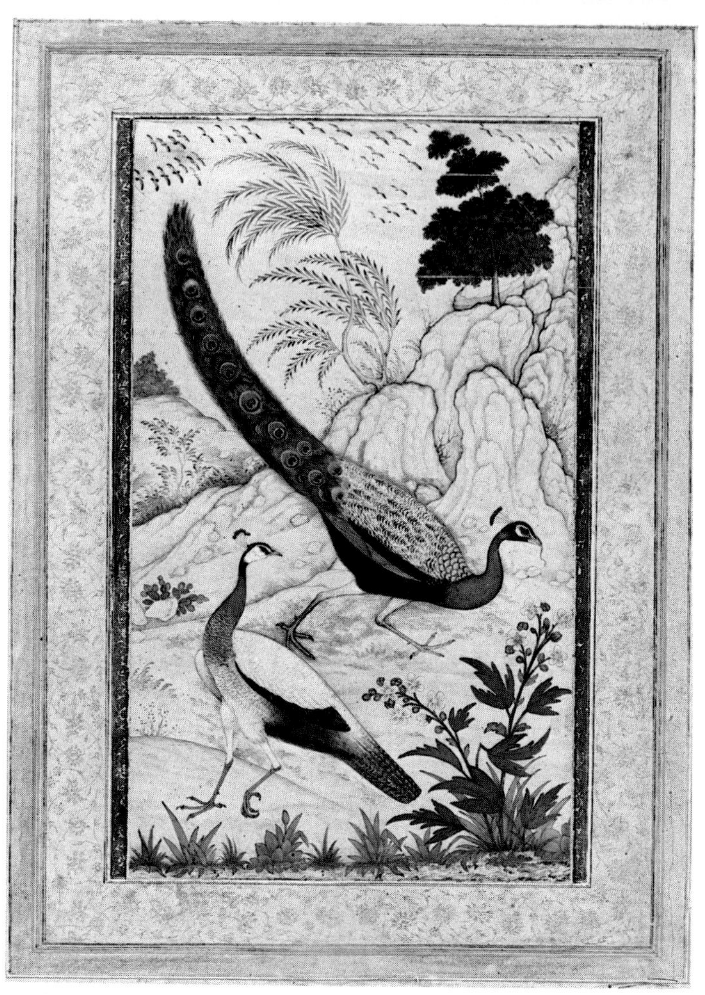

Peinture d'album.
Inde, v. 1610.
Paon, Cambridge (Mass.),
Fogg Art Museum.
Photo du musée.

et la prédilection pour la représentation des personnages de profil, les œuvres attribuées à cette première période de la peinture mogole sont presque totalement safavides dans la forme et dans l'esprit.

Ce fut sous le règne et la direction personnelle du fils et successeur de Homâyun, l'empereur Akbar (1556-1605), que la peinture mogole acquit ses caractéristiques propres. Bien qu'Akbar n'ait jamais appris à lire et à écrire, il possédait une importante bibliothèque et était animé du plus vif intérêt pour toutes les activités intellectuelles. Sa préférence allait aux chroniques historiques, particulièrement celles relatant les événements de son propre règne et de ceux de ses prédécesseurs. La mise en images de ces textes devint la principale occupation des artistes qui travaillèrent pour lui. L'illustration de l'*Akbarnâmé* montrant Akbar sur l'éléphant Hawâ'i est un parfait

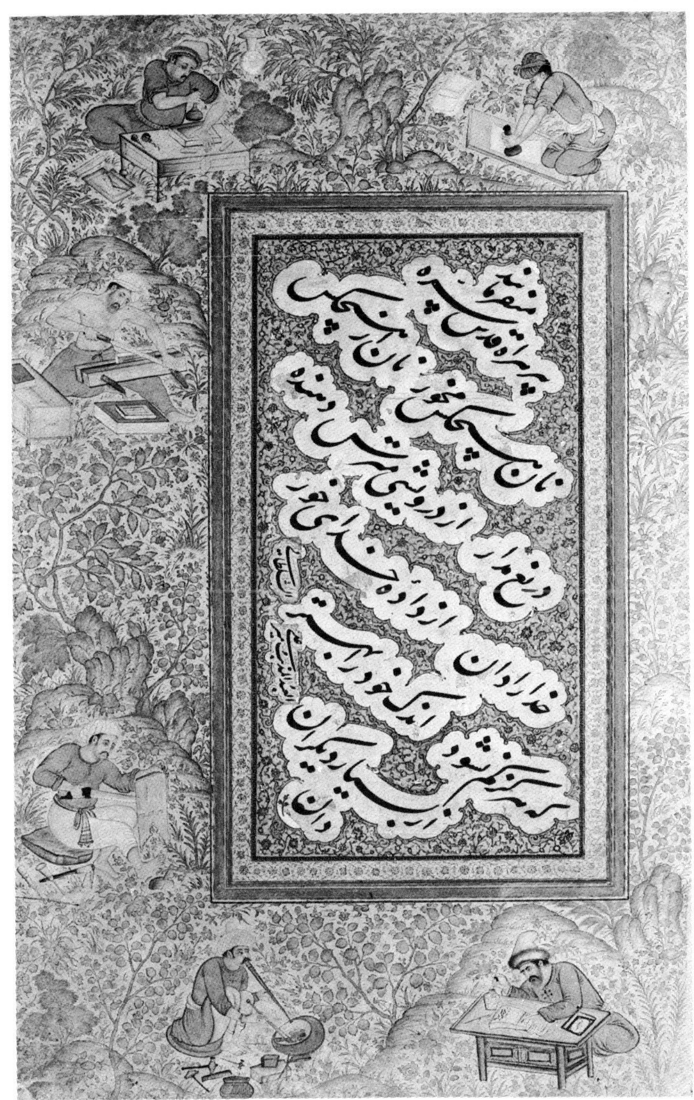

Album de Jahângir. Inde, v. 1600. Calligraphie signée par Mir 'Ali. Peintures dans les marges représentant six étapes de la préparation d'un livre. Washington, Freer Gallery of Art. Photo du musée.

exemple de la vitalité et du dynamisme de ce style qui traduit si bien les événements hauts en couleur de la chronique de l'empereur Akbar. Cette composition sur double page fut dessinée vers 1590 par Basawan, un des meilleurs peintres de la cour, assisté d'un peintre mineur, Chitra, une division du travail courante dans l'art mogol du XVIIe siècle.

Akbar aimait aussi les études d'animaux et les portraits. Ce type de peinture fut également encouragé par son successeur, l'empereur Jahângir (1605-1627), qui assembla une série importante d'albums contenant des miniatures isolées et des spécimens de calligraphie. Dans ces albums, les marges encadrant

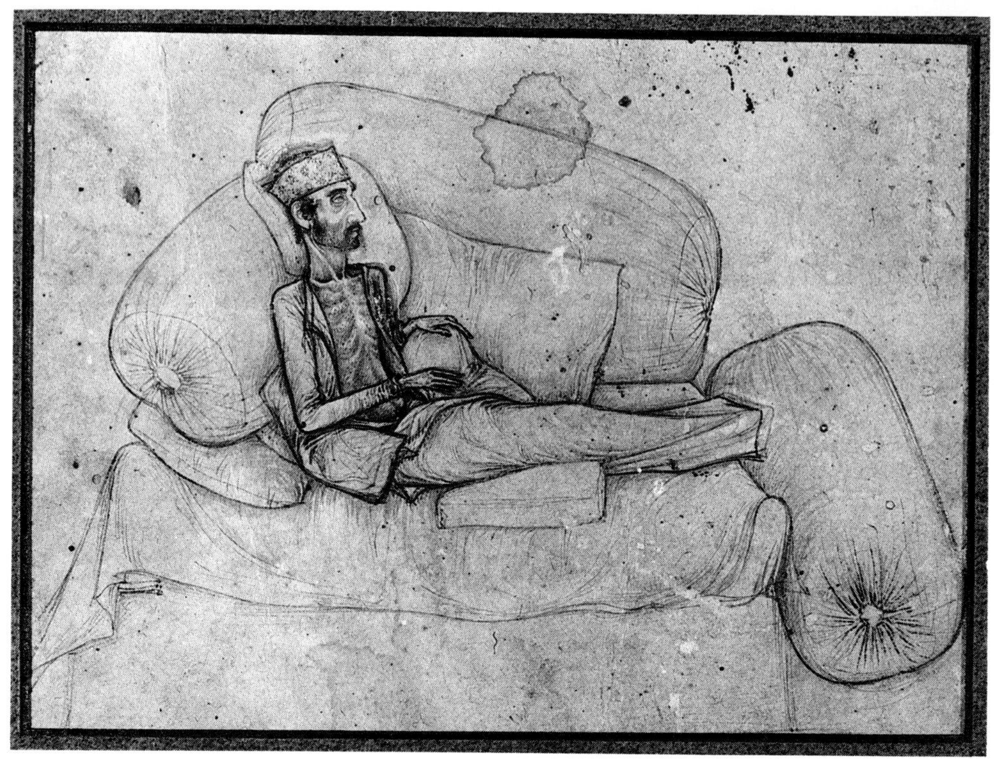

Esquisse.
Inde, 1618.
Inâyat Khan mourant.
Boston,
Museum of Fine Arts,
donation Bartlett.
Photo du musée.

les calligraphies sont peuplées de scènes figuratives. Quelques-unes représentent les diverses étapes de la préparation d'un livre.

Cet intérêt pour les représentations réalistes résultant d'observations bien documentées d'après nature se trouve dans tout l'art de la période de Jahângir, lequel aiguilla également ses peintres vers une palette aux couleurs plus douces et des compositions plus subtiles. Le dessin saisissant du courtisan Inâyat Khân mourant de l'abus de vin et d'opium, exécuté à la demande de l'empereur, est un des portraits les mieux observés et les plus finement rendus de la tradition typiquement mogole du portrait. Jahângir était obsédé aussi par son propre sort et ordonna l'exécution d'un nombre de peintures allégoriques, qui sont devenues célèbres, d'après des rêves qu'il avait faits. L'un des plus beaux exemples de cette passion et des peintures à sa propre gloire est une œuvre, peinte vers 1625, qui le représente stoïquement assis sur un sablier dont le sable s'écoule rapidement : un soleil doré et une lune blanche forment un halo autour de sa tête cependant qu'il offre un livre au cheykh Hoseyn, un saint homme musulman de l'Inde, en présence de l'empereur ottoman et du

Peinture d'album.
Inde, v. 1615-1618.
Jahângir trônant
sur un sablier.
Peinture par Bichitr.
Washington,
Freer Gallery of Art.
Photo du musée.

پادشاه صورت و معنی است از لطف آله
شاه نور الدین جهانگیر ابن اکبر پادشاه

گرچه در صورت شهان دارند در پیشش قیام
لیک در معنی بدرویشان کند دایم نگاه

roi James Ier d'Angleterre. Bichitr, l'artiste qui peignit ce chef-d'œuvre, ajouta même son autoportrait à cette auguste compagnie, dans la partie inférieure gauche du tableau. Plusieurs des attributs symboliques et des détails allégoriques de cette œuvre — les *putti* et les anges, par exemple — sont tirés de gravures européennes, une source d'inspiration qui influença beaucoup Bichitr ainsi que d'autres artistes qui travaillèrent pour Jahângir et pour son fils et héritier, Châh Jahân (1628-1658). L'incorporation d'éléments occidentaux dans l'iconographie et l'influence européenne sur les styles se produisit au XVIIe siècle, en Iran comme en Inde, et contribua finalement au déclin de ces deux incomparables traditions picturales de l'Asie islamique.

La reliure

Toute l'histoire de l'art du livre met en évidence l'importance accordée aux reliures, que ce soit en Iran, en Asie centrale, en Afghanistan ou en Inde. De nombreuses techniques furent utilisées pour leur ornementation. L'une de celles-ci consistait à façonner puis à rehausser de dorure le cuir de la couverture, et d'en agrémenter la doublure de dentelle de papier ou de cuir ajouré. Les reliures des manuscrits produits en Iran safavide étaient fréquemment peintes et laquées, ce qui leur donnait un aspect lisse et brillant tout en protégeant les pigments. Les sujets en étaient le plus souvent des scènes de chasse et des fêtes champêtres, et rappelaient fréquemment les miniatures qui illustraient le manuscrit, tandis que les décors d'arabesques en médaillon reprenaient les dessins de l'enluminure des frontispices, des tapis et même des carreaux en céramique du décor architectural. Il est difficile de savoir laquelle de ces branches de l'art fut la première à formuler ces motifs. Qu'il suffise ici de constater l'étroite interdépendance formelle qui a toujours existé entre l'architecture, l'art de l'objet et l'art du livre dans l'Orient islamique du VIIe au XVIIe siècle.

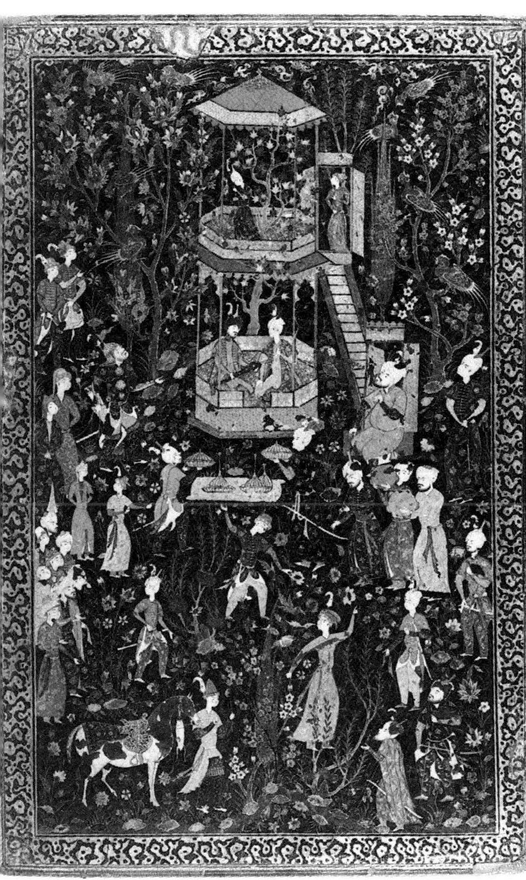
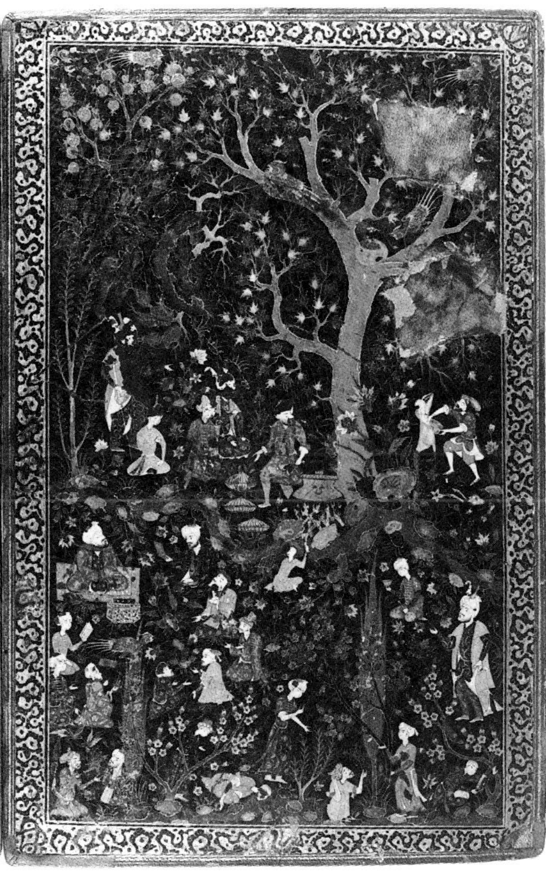

Reliure en cuir avec ornementation laquée. Iran, XVIe siècle. Londres, British Museum. Photo du musée.

TABLE DES MATIÈRES

Iconographie : Gisèle Namur

Achevé d'imprimer en octobre 1991,
sur les presses de l'Imprimerie de l'Indre, à Argenton-sur-Creuse.
N° d'éditeur : 0386 - Dépôt légal : 2e trimestre 1983 - N° d'imprimeur : 14426